Gamgak

감각

서울의 멋, 한강

The Essence of Seoul,
Hangang

서울

Seoul

Table of Contents

사물에서 받은 인상이나 느낌이라는 사전적 의미를 가진 '감각'과 지금,
여기 우리가 살고 있는 도시 '서울'의 조합으로 만들어진 <감각서울>은
'서울의 매력을 한 권의 책에 담는다면?'이라는 물음에서 시작되었습니다.
서울을 서울답게 만드는, 서울의 매력을 찾아 소개합니다.

잠들지 않는 도시, 에너지와 활기가 넘치는 도시, 전통과 현대가 어우러진 도시…
서울이 전 세계가 주목하는 글로벌 Top5 도시로 발돋움을 앞두고 있는 지금,
<감각서울>이 선택한 첫 번째 매력은 '한강Hangang'입니다.

늘 가까이에 있어 특별하게 느끼지 못할 수 있으나, 한강은 단순히 도심 속
'강'이라는 자연물의 존재를 넘어, 인구천만을 넘나드는 대한민국 수도,
서울의 중심이라는 의미의 공공성을 지니고 있습니다. 또한 한강은 서울에 사는
사람들의 삶의 요소(물)이자 환경(장소)으로서 개인의 사적인 삶과 관계에까지
깊은 영향을 미치고 있습니다.

이런 다채로운 한강의 모습을 한 권의 책에 담았습니다. 동시대적인 시선으로
'서울다움'을 감각하고, '서울의 매력'을 하나씩 재발견하는 의미 있는 여정을 통해
막연하게만 느껴지던 서울이라는 도시가 보다 선명하게 그려지길 바랍니다.

<GamgakSeoul> began with the question, "How can Seoul be captured in a single book?" The title combines the meaning of 'Sense' a faculty by which an impression or stimulus is felt from an object, with the name of 'Seoul' the city where we live. The book is aimed at introducing special attractions that make Seoul truly unique.

A city that never sleeps, a city brimming with life and energy, a city with both tradition and modernity… As Seoul stands at the threshold of becoming one of the top five global cities, <GamgakSeoul> offers Hangang as the city's first special attraction.

Due to such an easy access, we may fail to recognize its significance. But Hangang transcends nature as a mere urban river. It holds public value as the very heart of Seoul, the capital of South Korea and home to nearly 10 million people. It is also deeply engaged with the residents' personal lives and relationships as an essential element of life (water) and environment (space).

<GamgakSeoul> presents multiple faces of Hangang in a single book. We invite readers to sense what makes Seoul truly unique from a modern point of view, and to discover each and every gem of the city in this meaningful journey. We hope that in the end, their vague ideas about Seoul will be manifested.

한 폭의 그림 같은 한강

Marvelous Hangang

우리는 한강을 사용자의 입장에서 바라본다. 과거에나 지금에나 한강이 주는
이점을 생각하곤 한다. 하지만 한강은 기능하지 않고 도시에 존재하는 것만으로도
아름다운 풍경을 만든다. 세계적으로 도심 속 가장 넓고 큰 강인 한강.
세계를 여행하며 숨겨진 면들의 아름다움을 포착하는 여행 사진가 케이채 K. CHE와
한강의 쓸모가 아닌 아름다움에 주목한다.

14

채민 채 K. CHAE

세상을 컬러로 담은 사진가. 20세기 초의
사진에 기작들의 영향을 받은 그는
스스로를 거리 사진가 라 밝는다. 만족이 아닌
오직 발견에서 시작해 그만의 특별한 시선으로
담아낸 컬러풀한 작업은 단순히 무언가를
찍는 행위가 아닌 자신을 표현하는 하나의
방법이다. k.chae

서울에서 가장 가까운 섬

Islands in Seoul

노들섬, 밤섬, 서래섬, 선유도, 세빛섬, 여의도. 우리 가까이에서
늘상 함께 하고 있지만 미처 알지 못했던 한강의 섬들을 들여다본다.

'백로가 놀던 돌'이라는 뜻의 '노돌'에서 유래한 노들섬은 한강대교
중앙에 위치한 타원형 모양의 섬이다. 1930~50년대까지만 해도 여름에는
피서지와 낚시터로, 겨울에는 스케이트장으로 시민들의 사랑을 받는
유원지였으나, 1960~70년대 한강개발계획 이후 몇 차례 대규모 개발
계획안들이 무산되며 사람들의 기억 속에 점점 잊혀갔다. 자연과 함께
하는 휴식 공간이자 문화 공간으로 복원하기 위한 본격적인 고민이
시작된 건 2012년. 그리고 마침내 2019년 9월, '음악을 매개로 한
복합문화기지'로 새롭게 태어났다.
현재 노들섬은 친구, 연인과 함께 하기 좋은 문화 공간이자 음악을 안다
하는 사람들이 즐겨 찾는 공간으로 자리매김 중이다. 올해만 해도
'지코 콘서트'를 시작으로 '가곡의 밤' 공연, '바이올리니스트 탁보늬
콘서트', '서울 국제 블루스 페스티벌', 영국 록 밴드 '블랙 미디 내한 공연'
등 장르와 국적을 뛰어넘는 라인업으로 '음악을 매개로 한다'는 컨셉을
충실히 수행해내고 있다. 더불어 천연 샴푸바, 테라리움 등을 만들어볼 수
있는 체험 프로그램인 '다채로운 노들공방', 반려견과 함께 하는
페스티벌인 '놀멍 뭐하니', 24명의 국내외 작가들을 만나볼 수 있었던
'2023 서울국제작가축제' 등 다양한 분야의 문화예술 프로그램도
선보이고 있다. 뿐만 아니라, 미래의 노들섬은 접근성을 강화하고
더 많은 시민들이 찾고 즐길 수 있도록 다양한 변화를 꿈꾸고 있다.
글로벌 예술섬으로 재탄생하여 자연과 예술, 그리고 색다른 문화경험을
향유할 수 있는 공간으로 탈바꿈할 것으로 기대된다.

생태자원의 보고가 된 섬, 밤섬

섬의 모양이 밤처럼 생겼다 하여 이름 붙여진 밤섬은 1960년대
중반까지만 해도 천여 명의 거주민이 살았던 섬이었다. 1968년 2월,
여의도 개발에 필요한 잡석을 채취하기 위해 폭파되는 아픔을 겪었다.
이후 암반층에 퇴적물이 쌓이기 시작하면서 모래섬으로 변화했고,
점점 그 면적을 넓혀 나갔다. 2023년 4월 기준 밤섬의 면적은 29만
3012㎡로 폭파 전에 비해 7배가 커졌으며 이는 현재도 계속 진행 중이다.
밤섬 폭파가 가져온 긍정적인 변화 중 하나는 사람이 살지 않게 되면서
자연스럽게 나무와 풀이 무성하게 됐고, 그 결과로 철새들이 계절마다
들리는 도심 속 습지가 되었다는 것이다.
이에 1999년 8월, 서울시는 밤섬을 생태경관보전지역으로 지정하여
관리하기 시작했고, 2012년 습지로서의 중요성을 인정받아 '람사르 습지'
로 지정되었다. 천연기념물인 원앙 1종과 밤섬 번식 조류인 흰뺨검둥오리,
개개비, 해오라기, 꼬마물떼새 등 조류 60여 종이 살고 있으며 버드나무,
물쑥, 갯버들, 물억새 등 식물 250 분류군, 붕어, 잉어, 뱀장어, 누치,
쏘가리 등 어류 28종이 서식하고 있다.

서래섬이 위치한 반포동 일대는 한강 모래사장으로 작은 개울들이
서리서리 굽이쳐 흐른다고 하여 '서릿개'로 불렸다.　　　년 토지구획정리
사업의 일환으로 한강에 제방을 쌓고, 이듬해 대단지 아파트를 건립하면
서 지금의 반포동이 만들어졌다. 서래섬은　　　년부터　　　년까지
한강종합개발사업을 진행하면서 조성한 인공섬으로 서래섬이라는
이름은 '서릿개'에서 비롯됐다. 서래 교, 서래 교, 서래 교　개의 다리가
육지와 연결되어 있다.

봄이 되면 노랗게 만개한 유채꽃이 황금 물결을 이루고, 가을이 되면
눈꽃처럼 하얗게 내려앉은 메밀꽃이 장관을 연출한다. 이 시기에 맞춰
서래섬에서는 매년 축제가 열리고 있다. 또한, 서래섬 부근은 물 흐름이
느리고 수온이 높아 잉어, 붕어, 메기 등 다양한 어종이 서식하고 있어
강태공들이 즐겨 찾는 낚시 명당으로 잘 알려져 있다.

국내 최초의 재활용 생태공원, 선유도

선유도는 본래 선유봉이라는 작은 봉우리가 있던 섬이었다. 1925년
을축년 대홍수 때 한강 범람을 방지하는 제방을 쌓기 위해 봉우리를 잘라
암석을 채취했다. 1929년에는 여의도공항을 포장하기 위해, 1962년에는
양화대교를 건설하면서 원래의 모습을 잃게 됐다. 이후 1978년부터
2000년까지 서울 서남부 지역에 수돗물을 공급하는 정수장으로
사용되다가 정수장이 폐쇄된 뒤 2002년 4월 선유도공원으로 재탄생했다.
선유도공원은 국내 최초의 재활용 생태공원으로, 폐정수장의 구조물과
시설을 있는 그대로 살려낸 것이 특징이다. 송수 펌프실을 선유도와
한강의 역사와 문화가 담긴 전시 공간으로 변신시킨 '이야기관', 정수지의
콘크리트 상판 지붕을 들어내고 기둥만을 남긴 '녹색기둥의 정원',
약품 침전지를 재활용해 각종 수생식물의 생장과 정화 과정을 살펴볼 수
있게 만든 '수질정화원' 등으로 구성되어 있다. 폐정수장과 공원이 만들어
내는 이색적인 분위기가 사색을 즐기기 좋은 공간으로 손색이 없다.

한강을 빛내는 세 개의 섬, 세빛섬

2006년 시민 아이디어 공모를 통해 조성된 인공섬으로 물 위에
떠 있는 꽃을 형상화해 2011년 만들어졌다. 2014년 '세빛섬'이라는
이름으로 재개장했다. 가빛섬, 채빛섬, 솔빛섬 3개의 섬과 LED 스크린이
갖춰진 구조물인 예빛섬, 총 4개의 시설로 이루어진 복합문화공간이다.
'세빛'이라는 이름은 빛의 삼원색인 빨강, 파랑, 초록처럼 3개의 섬이
조화를 이루어 한강과 서울을 빛내라는 바람을 담고 있다.
세빛섬은 레스토랑, 펍, 카페, 편의점, 컨벤션 센터 등 한강공원을 찾는
시민들이 이용할 수 있는 편의 시설들로 채워져 있다. 최근에는 가빛섬의
옥상정원을 무료로 개방, 서울을 대표하는 야경 명소로 떠오르고 있다.
빈백, 벤치 등을 마련해 자유롭게 한강을 감상할 수 있게 했고,
동절기(12-2월)를 제외한 개장 기간에는 요가 및 명상 클래스, 클래식
공연, 친환경·업사이클 마켓, 인문학 강좌 등 계절별로 특색 있는
프로그램을 운영할 계획이다.

여의도는 한강과 샛강 사이에 위치한 섬이다. 모래로 이루어진
벌판이었던 여의도가 존재를 드러내기 시작한 건 1916년 이곳에
비행장이 건설되면서부터다. 이후 1968년 '한강 개발 3개년 계획'의
일환으로 여의도에 제방을 쌓고, 섬을 가로지르는 마포대교가 준공되면서
여의도 발전이 가속화되었다. 우리나라 최초의 단지형 아파트인
시범아파트가 들어섰고, 국회의사당, KBS 사옥, 63빌딩, 한국증권거래소
등이 여의도에 새롭게 터를 잡으면서 현재의 모습을 갖추게 됐다.
우리나라의 정치, 경제, 언론을 이끄는 중심지인 여의도가 회색 빌딩숲
사이에서 색깔을 잃지 않을 수 있었던 건 여의도 한강공원 덕분이라고
해도 과언이 아니다. 푸르른 풍경으로 채워진 한강공원은 도시생활자들에
게는 없어서는 안 될 휴식처 같은 곳이다. 여기에 서울의 대표적인
축제로 자리매김한 '영등포 여의도 봄꽃축제'와 '서울세계불꽃축제'는
매년 100만 명의 사람들을 끌어 모으며 여의도를 다채롭게 물들이고
있다. 2021년에는 서울 최대 규모의 백화점인 '더현대 서울'이 문을
열면서 젊은 세대들을 사로잡는 지역으로 새롭게 거듭나고 있다.

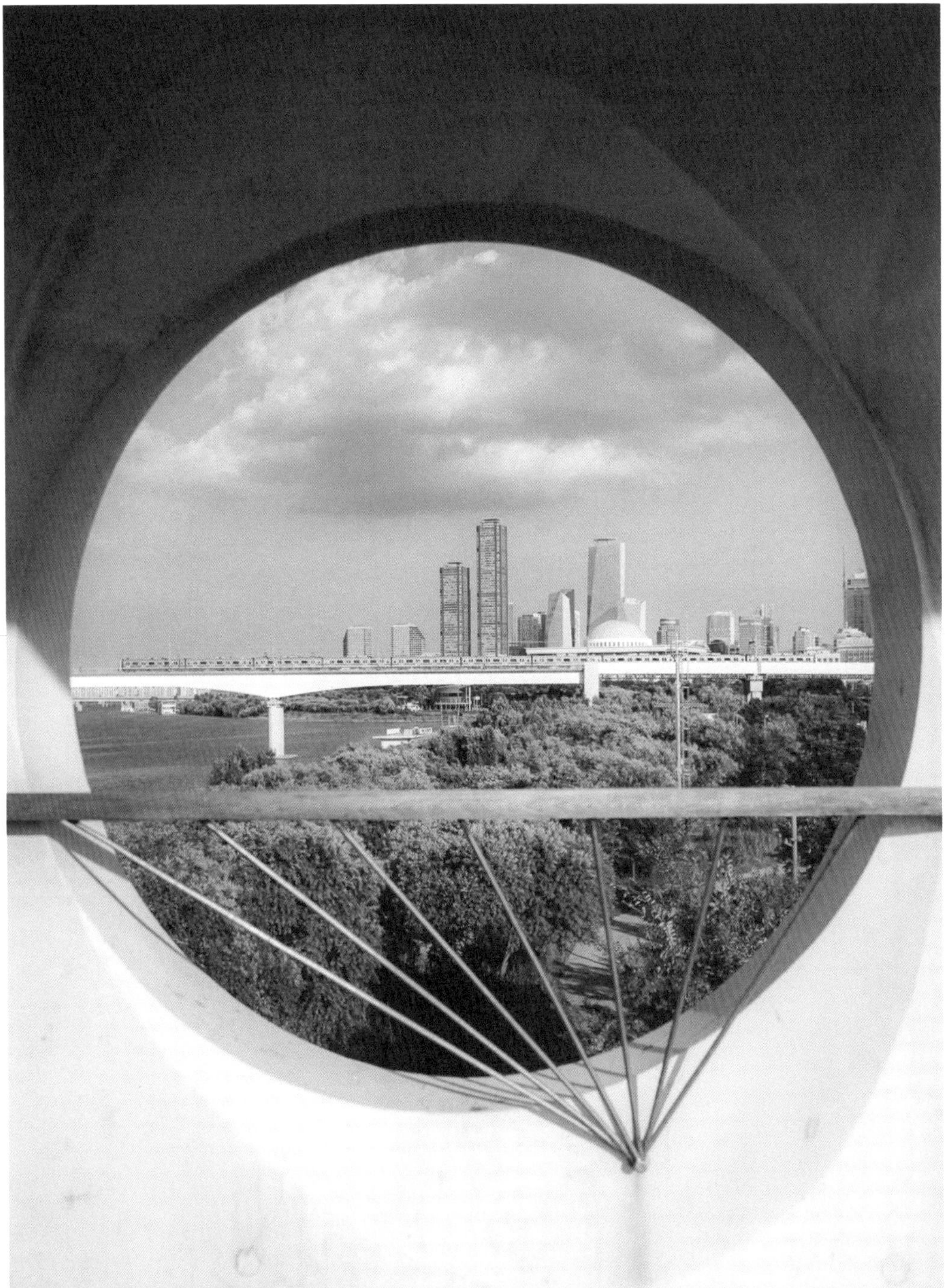

4인 4색 다른 시선의 한강

4 Ways of Seeing Hangang

다른 방식으로 한강을 바라볼 시간! 자신만의 시선으로 한강을
아름답게 담아내는 포토 크리에이터 4인이 한강을 바라보는 새로운 방법을 제시한다.

서울 한강 공원 서래섬

서울 구름다리

서울 구름다리

뚝섬 한강공원

노들섬

Yu Yongfeel
유용필

2호선 지하철(청담역 방면) 안

반포 한강공원

뚝섬 한강공원

Henry Joo
주현우

@henryjoo3

강화 한강공원

노들섬

Stefano-
Scuccimarra
스테파노 스쿠치마라

이탈리아 출신으로, 현재 서울에 있는
애니메이션 회사에서 콘셉트 디자이너로
근무하고 있다. 서울 도심의 모던한
모습과 한국의 미를 특유의 시선으로
포착하여 새롭게 보여준다.
@ssteart

Q1. 서울의 한강이 주는 매력
한강은 단순히 도시를 가로지르는 강이
아니라, 서울의 다채로움을 나타내는 중심이다
고요히 떠오르는 일출부터 화려한 도시의
야경까지 한강에는 우리의 일상이 담겨있다
한강을 가로지르는 삶의 매 순간들, 이것이
한강의 특별한 가치라고 본다.

Q2. 자주 찾는 한강공원
한 곳을 꼽자면, 여의도 한강공원이다
여의도의 스카이라인과 서울의 대표적인
랜드마크를 한 장면에 담을 수 있다
각 한강공원의 매력이 다르기 때문에 보통
그 날의 기분과 어떤 장면을 담고 싶은지에 따라
목적지를 정하는 편이다

Q3. 사진을 찍을 때 개인적으로
    좋아하는 순간이나 요소
하루를 시작하는 일출, 그리고 다시 하루의
끝을 향해 나아가는 일몰을 촬영하는 것을
좋아한다 계절과 날씨에 따른 한강의 변화무쌍
한 매력을 담아내는 것이 내가 추구하는 방식다

여의도 한강공원

반포 한강공원 세빛섬

여의도 한강공원

서강대교

시간에 따라 달라지는 물결

As Time Goes on

시간대와 날씨에 따라 달라지는 빛과 바람, 그에 따라 일렁이는
한강의 표면은 마치 맑은 수채화를 연상시킨다. 사진가 표기식이 포착한
윤슬을 품은 잔물결의 변화가 선사하는 감동의 순간.

AM 10:23

PM 2:30

Scene

53

AM 12:00

한강이 있는 풍경

Discovering the Best Hangang Views

커피를 마시고, 유튜브를 보고, 친구와 수다를 떠는 매일 반복되는 일상적인
일들도 한강과 함께 하면 조금은 특별해진다. 우리 주변의 숨은 명소를 소개하는
여행 플랫폼 '데이트립'과 <감각서울>이 함께 한강 뷰가 매력적인 공간들을 선정했다.

01   Cafe

타이프 커피 한강점
서울시 마포구 토정로 128

한강의 낮과 밤을 파노라마 뷰로 조망할 수 있는 카페다.
감탄을 부르는 한강 뷰에 미드 센추리 모던 스타일의 가구로
감각적인 인테리어까지 갖췄다. 상기에 앉아 한강 뷰를
바라보며 커피를 마시고 있으면 성공한 비즈니스맨이
된 듯한 기분이 든다. – spot_editor

02   Cafe

마하 한남
서울시 용산구 서빙고로91나길 85

빈산소와 한강이 보이는 건축가의 서재 같은 카페다.
실제로 카페 한 켠은 건축사무소로 사용되고 있고,
밤이 되면 위스키 바로 변신한다. 목재와 석재가 돋보이는
아늑한 인테리어, 신비드와 나석한 체나, 감각적인 오너셰와
가구. 탁 트인 한강 뷰와 이색적인 빈산소 풍광이 힐링을
안겨준다. 개발된 한강 인근의 모습과 십거운 동네 풍경이
어우러지는 카페도. 현대적인 아름다움과 곳곳에 남아 있는
옛 흔적들이 조화를 이룬다. – piao.cho

03   Cafe

물결 한강
서울시 마포구 마포나루길 296

한강 위에 떠 있는 수상 카페로 한강과 월드컵대교가
1림 같이 펼쳐져 있는 모습을 코 앞에서 감상할 수 있다.
노을이 지는 저녁에는 또 다른 느낌의 아름다운 뷰를
만나볼 수 있다. 한 마디로 '뷰 맛집' 카페. 군더더기 없는
심플한 인테리어와 채광 좋은 통창은 그 순간의 풍경에
오롯이 집중할 수 있게 만든다. 그렇게 멍하니
한강 풍경을 바라보고 있으면 먼 여행을 떠난 것 같은
느낌이 든다. @hesaidthat

04   Art Center

서울웨이브 아트센터
서울시 서초구 잠원로 145-35

3개 층의 전시관으로 구성된 아트센터로 다양한 장르의
전시를 만날 수 있는 곳이다. 가장 큰 매력은 한강 위에
떠 있는 수상 전시장이라는 것. 전시장에 서 있으면 마치
바다 한 가운데에 있는 듯한 기분이 든다. 아트센터 내에는
스타벅스가 입점 되어 있는데, 예쁘고 이색적인
스타벅스 매장으로 인기가 많다. @nazacca

콘래드 서울
서울시 영등포구 국제금융로 10

객실 문을 열고 들어서면 한강이, 서울이 한 눈에 담
박실인 듯 숙소이사서 도심이 내려다 보이 알제 보다
나무 가깝다. 너무 밀지도 않은 만큼 도심의 활동에서
낯선 설렘을 만져준다. 난객은 객실 바깥서 송시
아름한 호텔 모니위에서 객차마다 안대리이미 한참에 앉아 들
만한 것을 준비 대망이럴 이나 멀지는 책없다 바다온
바로 안강지 쉬는 둘 지나까지 비추게 된다.

호텔 나루 서울 라운지 앤 데크
서울시 마포구 마포대로 8

호텔 나루 서울 켐갤러리 20층에 위치한 라운지로
한강과 밤섬, 마포대교와 서강대교, 그 주위를 둘러싸고 있는
도심을 한 눈에 담을 수 있는 곳이다. 입뿐만 아니라 눈까지
즐겁게 만드는 음료와 디저트, 식사 메뉴를 만나볼 수 있다
사랑하는 사람들과 함께 멋진 뷰를 배경으로 티 타임을
즐기다 보면 상공의 맛이라는 것이 될 게 아니라는
생각이 든다.　zoo_sorak

07 Hotel

채그로

서울시 마포구 마포나루길 296

그때 즐거웠던 기억처럼 복잡했던 숙박다 다른 감감 많이
즐길 수 없다. 책을 읽으며 편도록 이완시켜주니
마음이 치유될 수 있다. 한 아기같이 네무겁 편안함이
오 공이니 에서야 마음이 좋은 공이 있는 것 같다.
지친한 하루를 보낸 우리 모두 미그로 휴데이리조트가 에게 시던
대로 감각을 만세 성자 서리는 스름해주는 매력가지.
우리 모두에 번 들이 되길 바란다. beautiful

08 Cafe

스타벅스 망원 한강공원점

서울시 마포구 마포나루길 400

누가 말수랑 좋 수없는 망원 한강 공원에 자리하고 있어니
스타벅스도 어느 마음도 행기기에 충분하니 추억이
서울행이야 카노 센터점에 이은 두 번째 수상 컨테이너스
해가 동쪽에서 서쪽으로 지는 순간들을 시시각으로
상상하 수 있고, 노을이 카페 안으로 밴마 들어오는 석간들
강렬한 수 있다. nepunuju

데이트립 Daytrip

데이트립 앱은 섬세하고 전문적인 큐레이션을 바탕으로
우리 주변의 숨은 명소를 소개하는 여행 플랫폼이다.
뻔하지 않은 핫플과 데이트 장소를 가장 먼저 발견하고,
낯선 해외 여행지에서도 로컬처럼 다니고 싶다면,
데이트립을 통해 쉽게 감각적인 공간을 찾아보길!

한강 들여다보기

Hangang Infographic

한강은 한국에서 유역 면적이 가장 넓은 강이다. 우리는 한강을 어떻게 바라보고 있을까?
한강 관련 의미 있는 정보와 수치를 통해 서울 속 한강의 역할을 알아본다.

Hangang Map

이촌, 여의도 '한강예술공원'
2018년부터 이촌 한강공원에 24개, 여의도 한강공원에 32개의 설치 작품을 선보이고 있다. 시민들이 문화예술을 쉽게 접하고 예술가와 시민이 함께 한강의 자연과 예술이 공존하는 방법에 대해 고민한 결과이다.

한강 직영 체육시설 105곳
다목적 운동장, 야구장, 축구장, 풋살 경기장,
농구장 스케이트보드장 등이 운영되고 있다.

다목적 운동장	야구장

축구장	풋살

농구장	스케이트보드장

난지 생태습지원
14종의 나무와 50여 종의 조류 등 많은 동식물들의 쉼터로, 야생생물 보호구역으로 지정되었다.

난지 한강공원
난지 이용숲과 갈대바람길은 산책과 낭만적인 캠핑을 즐길 수 있는 명소이다.

강서 습지생태공원
계절별 다양한 생명체를 만날 수 있고, 천연기념물과 멸종 위기종의 서식지이다.

양화 한강공원
메밀밭 산책로는 아름다운 전원 풍경으로 시민들에게 많은 사랑을 받는다.

여의도 샛강생태공원
다양한 습지성 식물과 여러 자연환경을 동시에 갖춘 중요한 생태공원이다.

여의도 한강공원 '물빛광장과 물빛무대'
아이들에게는 놀이공간을 어른들에게는 여가공간을 제공하고 있다. 세계 최초 개폐식 수상무대로 조성되었다. 물방울을 형상화한 무대에서는 봄부터 가을까지 밤에는 음악에 맞춰 춤추는 음악 분수쇼, 레이저쇼 및 다양한 공연이 펼쳐진다.

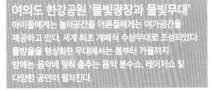

서래섬
수변길 유채꽃밭은 사진 촬영 명소이자, 봄과 가을 꽃 축제가 열리는 장소이다.

광나루 암사생태공원
면적 약 13만㎡의 대규모 생태경관 보전지역이 있으며, 산림청 식물보호종이 자생하고 있다.

한강변 휴양 여가시설 현황

한강공원 11곳
광나루, 잠실, 뚝섬, 잠원, 반포, 이촌, 여의도, 양화, 난지, 망원, 강서

수영장 6곳
광나루, 난지, 뚝섬, 양화, 여의도, 잠원

눈썰매장 2곳
뚝섬, 잠원

분수시설 12곳
난지2, 뚝섬5, 반포1, 여의도3, 이촌1

캠핑장 1곳
난지 캠핑장

자전거공원 2곳
광나루, 난지

어린이 17곳 놀이터
전 한강공원 분포

기타여가시설
광나루 자전거놀이터, 광나루 한강드론장, 망원 낚시전용공간, 여의도 잔디공원, 잠실 한강백사장

한강 밤섬생태체험관
람사르 습지인 밤섬을 전망할 수 있는 장소이다. 사람의 출입이 제한된 도심 속 습지로 주요 철새도래지이며, 밤섬의 역사와 환경 보존을 주제로 다양한 프로그램이 운영된다.

이촌 한강공원
이촌 강변 산책길의 이촌나들목 앞은 물가 산책로를 따라 갈대, 억새, 코스모스 밭이 펼쳐진다.

뚝섬 한강공원 '자벌레(서울생각마루)'
2010년 4월 개장, 한강의 전망과 함께 지친 일상의 휴식과 여가를 즐길 수 있는 복합문화공간이다.

광나루 한강공원 '광진교 8번가'
2009년 개장, 라운지(쉼터), 전시공간, 공연장이 함께 하는 소규모 복합문화예술공간이자 노을명소이다. 매월 색다른 프로그램과 전시를 즐기고 매주 다양한 공연을 감상할 수 있는 공간이다.

잠원 한강공원
그라스정원은 가을이 아름다운 계절명소이다.

잠실 한강공원 '사각사각 플레이스'
2018년 개장, 청년예술가들의 작업공간을 지원하고 시민들의 문화향유 기회 확대, 아트클래스와 오픈스튜디오 및 축제 등이 운영된다.

 한강 자연 경관 명소 10곳

● 한강 문화예술 명소 5곳

한강 유역 면적

*남한강과 북한강 전체

26,018km²

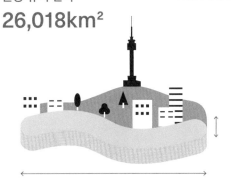

우리나라의 경제성장을 일컫는 '한강의 기적'은 단순한 비유적 표현이 아니다. 한강은 서울의 강남과 강북을 가로지르며, 강원과 충북, 경기, 서울에 걸쳐 흐른다. 한강은 한반도에서 유역 면적이 가장 넓은 강이다.

한강 유역 산 분포

*남한강과 북한강 전체

높이 1,000m 이상 산 48개

산들은 이른바 온대림 영역에 들며, 대부분이 온대 중부에 자리잡고 있다. 산에서 자라고 있는 나무나 풀들, 식물 수효는 우리나라에 있는 전체 식물 종의 4분의 1에 해당된다.

한강 총 길이

*대한민국 영토 한정

481.7km

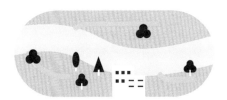

대한민국에서 낙동강 다음으로 긴 강이며, 유량을 기준으로 할 경우 남한에서 가장 규모가 큰 강이다. 태백산맥에서 발원하여 강원도, 충청북도, 경기도, 서울특별시를 거쳐 서해로 유입되는 한반도 중부지역의 강이다.

한강 내 교량 개수

*서울시 내 다리 개수: 27개

31개

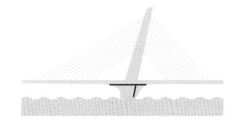

정확한 한강 다리의 개수는 기준에 따라 달라진다. 노량대교는 강북과 강남을 잇는 다리가 아니기 때문에 제외하였다.

한강 교량의 특징

최초의 대교 │ 한강철교 1900년 7월 준공

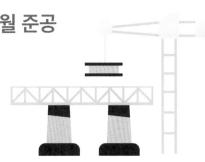

- 최초의 국내기술 건설: 양화대교
- 최대 높이 교량: 월드컵대교
- 최대 교량분수, 달빛 무지개분수: 반포대교(2008년 기네스북 등록)
- 서울 유일 자동차 전용 대교: 청담대교
- 자전거 전용도로가 있는 한강다리: 마포대교, 잠실대교, 한강대교, 잠수교, 광진교

한강 교량 별 교통량 조사

출처: 서울시 통계정보시스템
2022년 기준

1위 한남대교	190,269대
2위 성산대교	152,229대
3위 성수대교	127,918대

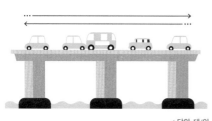

* 단위: 대/일

한강을 걸을 수 있는 둘레길 전체 길이

156.5km

걷기 좋은 서울둘레길은 총 8개 코스로 서울의 역사, 문화, 자연생태를 곳곳에서 체험할 수 있도록 조성하였다.

한강 섬 분포

밤섬, 노들섬, 선유도, 서래섬, 세빛섬, 난지도, 여의도

섬의 정체성이 사라져버린 여의도부터 육지와 맞붙어 있는 난지도, 그리고 이제는 사라져 버린 섬들까지 서울에는 다양한 섬이 함께하고 있다.

나라 별 강폭 비교

서울 한강	1,200m
파리 센강	200m
런던 템즈강	265m
독일 쾰른 라인강	350m

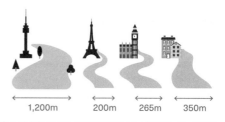

| 1,200m | 200m | 265m | 350m |

서울은 세계적으로 매우 넓은 강을 끼고 있는 대도시로, 1km가 넘는 강이 도시를 가로지르는 경우는 드물다.

한강공원 이용현황

출처: 한강공원 행정자료실

- 2023년 1월 ~ 8월 기준 총 합계
- 전체 37,022,495명

운동시설 10.38%   기타 4.42%

일반이용 44.23%   자전거 등 PM 이용 22.55%   특화공원 14.49%   마라톤, 행사 3.93%

Virtual

미래에서 만난 한강

Hangang, the Future

세계적인 매력도시가 될 서울. 서울의 가치와 경쟁력을 한강으로부터
싹틔우기 위한 7가지 프로젝트를 바탕으로 변화된 서강의 모습을 미래 서울의
가상의 이야기로 그려보았다.

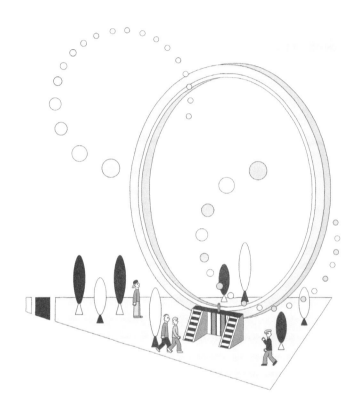

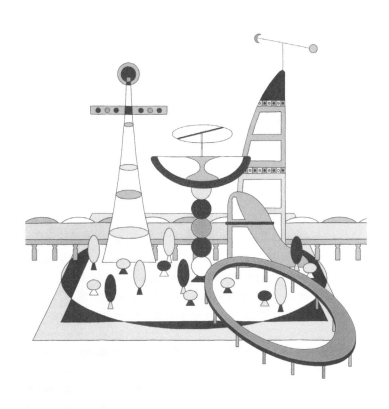

퇴근길 발걸음을 멈추게 하는 노을의 아름다움은 노들섬의 여전한 자랑거리 중 하나다.
섬을 잇는 보행로의 확장으로 통행이 용이해져 더욱 많은 이들이 찾게 된 노들섬은 자연과 예술, 색다른 경험이 어우러져 '노들 예술섬'으로 불리며 서울의 새로운 랜드마크로 자리했다.
뮤지엄과 아트 가든에서는 아트 미디어 공연과 전시 콘텐츠가 주기적으로 열리는 등 시민 활용성과 접근성 강화에 힘썼다는 좋은 반응을 보인다. 섬으로 들어가는 진입로의 건축 경험적 요소부터 유명 건축가의 기하학적인 건물을 감상하려는 관광객이 늘어나며, 빼놓을 수 없는 서울 관광 필수 명소가 되었다.

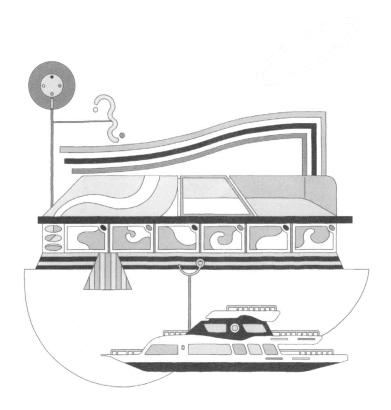

여의도 한강공원과 인천, 서해를 잇는 뱃길이
열렸다. 여의도 서울항을 통해, 인천까지 가지
않아도 서울에서 서해 섬을 여행할 수 있는
관광 루트가 활성화되어 짧은 주말 사이 편하게
오고 갈 여행의 선택지가 늘어났다. 다양한 선박이

접안 가능한 선착장을 통해 서해로 통하는
뱃길을 만들고, 서울항에서 출발해 군산항,
목포항을 거쳐 제주항으로 크루즈 관광이 가능할
예정이라고 하니, 다양한 해외 관광객에게도
신선한 경험이 될 것으로 기대하고 있다.

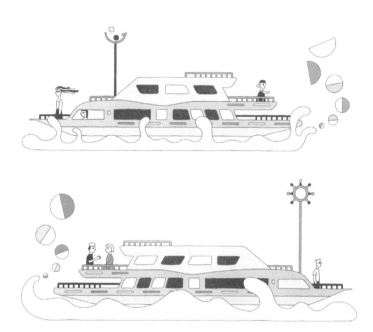

평가를 받는 분위기다. 버스 지하철과의
환승이 가능해 이용객 수가 점점 늘고 있다고 하니
이제는 꽉 막히는 도로 위에서 시간을
낭비할 필요가 없다. 그뿐만 아니라, 서울과
김포를 물길로 이어 김포골드라인의 교통정체를
우회해 서울을 중심으로 생활하는 사람들에게
사랑받는 수상교통수단으로 빠르게
자리매김하는 중이다.

서울은 지속 가능한 도시 패러다임 변화를
보이는 세계적 흐름에 발맞춰 녹색도시로의
성장을 위해 힘써왔다. 한강공원 내 꽃길과 꽃밭을
조성해 자연 체험 공간을 만들고 도심 하천을
생태·여가 명소로 조성한 덕분에 도보생활권
내에서 자연을 가까이 즐길 수 있게 되었다.
특히, 봄부터 가을까지 한강공원에서 개최되는

서울국제정원박람회는 지난 2020년 첫 개최
이후, 지속적으로 개최되어 한강의 수상 경관과
어우러진 정원의 풍경을 즐기는 것은 서울에
살아가는 사람들의 자연스러운 일상이 되었다.
개발을 넘어 자연성 회복에 성공한 한강공원은
나아가 사람뿐만이 아닌 동식물도 함께하는
행복한 생태공원으로 자리 잡게 되었다.

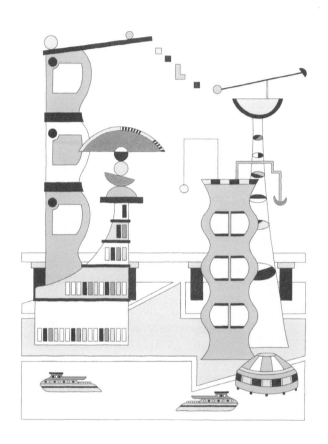

여의도 한강공원은 한강 수변 도시풍경을 경험할 새로운 곳으로 주목받는다. 여의도에 자리 잡은 제2 세종문화회관은 서울항 개항 이후, 늘어난 해외 해외 관광객이 많이 찾는 공간 중 하나다. 대공연장, 중극장, 전시장, 교육시설 등의 문화시설을 한곳에서 경험할 수 있는 복합문화공간으로 한강과 맞닿아 있어 사람과 자연, 다양한 활동들이 통합되는 효과를 보이고 있다. 공원에서 강가로 이어지는 산책로는 여의도 한강공원의 상징적인 자랑이기도 하다.

The H[...]
is a rive[...]
in the [...]
the S[...]
South[...]

ngang
located
eart of
eoul,
Korea.

한강은 날마다 축제

Everyday, Festival

한강이 지금처럼 다채로운 모습을 띠게 된 건 매년 그리고 매달,
한강 곳곳에서 펼쳐지는 이벤트 덕분에 가능한 일이었다. 각양각색의 모습으로
한강을 수놓았던 한강의 대표적인 이벤트와 축제들을 소개한다.

01 서울세계불꽃축제
2022. 10. 8. 여의도 한강공원

한화그룹의 사회공헌 사업으로 2000년부터 시작된 '서울세계불꽃축제'는 대한민국 대표 불꽃축제로 자리매김했다. 세계의 불꽃 전문 기업들이 초청되어 여의도의 밤 하늘을 무대로 환상적인 불꽃 연출을 선보이며, 주간에는 다채로운 부대행사가 진행된다. 매년 100만 명 이상의 시민들이 '서울세계불꽃축제'를 찾고 있다

©임천정 (한화)

02 2023 한강불빛공연 드론라이트쇼
4. 29.~5. 7. / 9. 8.~10. 27. 뚝섬 한강공원 수변무대

다채로운 색깔을 뽐내는 LED 드론과 불꽃 드론, 수상 드론 등 다양한 드론을 활용한 멀티미이어 드론쇼로 500여 대의 드론이 한강의 밤하늘을 환히 밝혔다. 어린이날을 기념하며 드론 축구, 드론 비행 체험 등을 할 수 있는 프로그램인 '찾아가는 드론 스쿨'이 열리기도 했다. 또한, 하반기에는 드론 갯수를 1000대로 늘려 더 화려하고 풍성한 볼거리를 선보였다.

03 루이 비통 2023 프리폴 컬렉션 패션쇼
2023. 4. 29. 잠수교

루이 비통 하우스 최초의 프리폴 패션쇼가 한강 잠수교에서 열렸다. 루이 비통이 한강을 선택한 건 역사와 미래가 공존하는 상징적인 공간이자 서울의 정서가 담긴 곳이기 때문. <오징어 게임>의 황동혁 감독이 크리에이티브 어드바이저로 참여해 쇼 콘셉트와 무대 연출을 맡았다.

© Louis Vuitton Korea

04 책읽는 한강공원, 북적북적
2023. 5. 5.~5. 7. 뚝섬 한강공원 자벌레 인근 잔디마당

뚝섬 한강공원에 빈백과 해먹을 설치하고, 여행·영화·음악·동화 등 다양한 주제의 도서 약 2천권을 비치해 '북크닉'을 즐길 수 있는 공간으로 새롭게 변신시켰다. 북 토크, 동화구연, 시민이 직접 참여하는 북 큐레이션 전시, 캘리그라피 체험 등 다채로운 독서문화 콘텐츠를 경험할 수 있는 프로그램들이 진행됐다.

05 2023 한강달빛야시장
2023. 5. 7. ~ 6. 11. 반포 한강공원

한강과 반포대교 달빛무지개분수가 어우러진 야경 아래 40여 대의
푸드 트럭과 50여 개의 판매부스로 이루어진 야시장이 열렸다.
야시장 인기 메뉴인 스테이크와 불초밥, 츄러스 등 다양한 종류의 음식과
디저트, 예술가와 공예가들이 직접 만든 액세서리와 반려견용품,
인테리어 소품 등이 시민들의 봄밤을 더욱 다채롭게 만들었다.

©hangangmoonlightmarket

06 차 없는 잠수교 뚜벅뚜벅 축제
2023. 5. 7. ~ 7. 9. 잠수교 및 반포 한강공원 일대

차 없는 잠수교를 자유롭게 걸으며 다양한 문화 프로그램을
즐길 수 있는 축제다. 45대 1의 경쟁률을 기록한 '한강 멍때리기 대회',
1000여 권의 도서와 100개의 빈백이 마련된 '책 읽는 잠수교',
재활용·친환경·수공예 제품 등을 판매하는 플리마켓, 음악·마술 등
여러 분야의 거리 공연 등이 시민들의 발길을 사로잡았다.

07 BTS 10주년 FESTA
2023. 6. 17. 여의도 한강공원

방탄소년단의 데뷔 10주년을 기념하는 축제가 시청, DDP를 비롯한 서울의 주요 랜드마크 8곳에서 열렸다. 여의도 한강공원은 방탄소년단의 10년의 역사와 무대 의상 등을 만나볼 수 있는 전시장과 방탄소년단의 노래를 타투 스티커로 체험할 수 있는 체험존으로 변신했다. 또한, 'BTS 10주년 기념 불꽃쇼'가 열려 여의도의 밤하늘을 보랏빛으로 물들였다.

©HYBE

08 한강나이트워크 42K
2023. 8. 5.~ 8. 6. 여의도 한강공원

올해로 8회를 맞이한 '한강나이트워크 42K'는 무박 2일 동안 밤새 한강을 걷는 이색 레이스다. 15km, 22km, 42km 총 3개의 코스로 구성되어 있으며, 일반적인 레이스와 달리 기록 측정을 하지 않는 비경쟁 걷기 프로그램이다.

09 한강휴휴수영장

2023. 8. 5.~8. 6. / 8. 12~8. 13.
난지 한강공원, 양화 한강공원 물놀이장

'2023 한강페스티벌-여름'의 일환으로 마련된 '한강휴휴수영장'은
한강공원 야외수영장을 야간에 즐길 수 있는 프로그램이다. 오후 6시까지
운영되던 운영시간을 10시로 확장, 한강의 야경을 배경 삼아 한여름의
무더위를 식힐 물놀이가 펼쳐졌다. 재즈, 알로하 음악 밴드의
라이브 공연까지 함께 즐길 수 있었던 자리였다.

10 광나루 한강공원 장미원 야외 결혼식

2022년 문을 연 '광나루 한강공원 장미원'은 장미 1만주가 식재된
공간으로, 서울시 공공예식장으로 운영되고 있다. 지난 6월 11일에는
서울시 미래한강본부 주최로 경제적 어려움으로 예식을 올리지 못한
장애인·탈북민·다문화 가정 두 부부의 결혼식이 최초로 열렸다.

여지 한강공원 물놀이장

여의도 샛강 생태공원

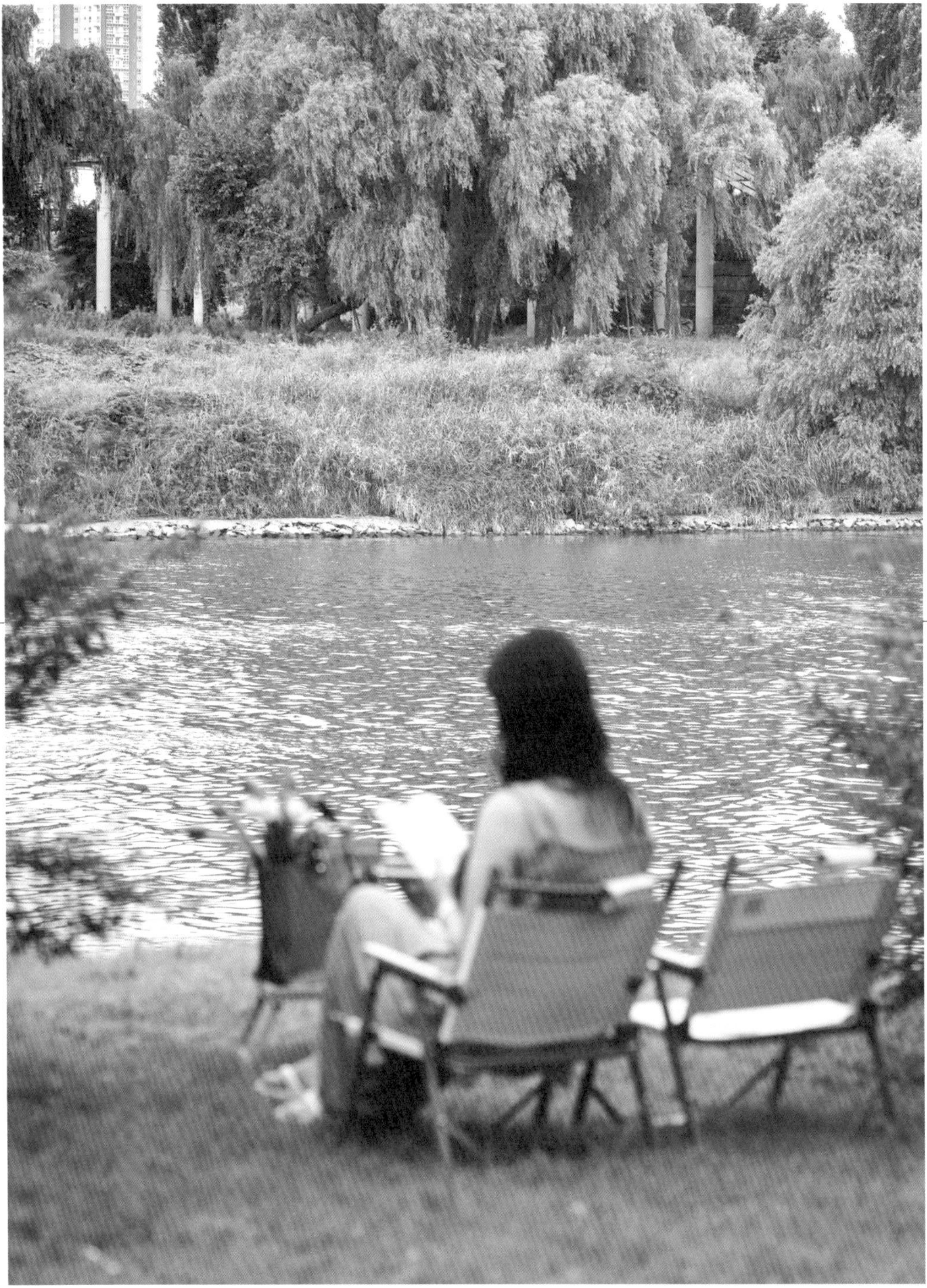

한강에서의 작은 일상

Daily Life in Hangang

우리는 한강에서 어떻게 시간을 보낼까? 일상 속 한강을 찾는 사람들을
들여다보며 한강공원에서 느끼는 작은 즐거움에 대해 이야기한다.

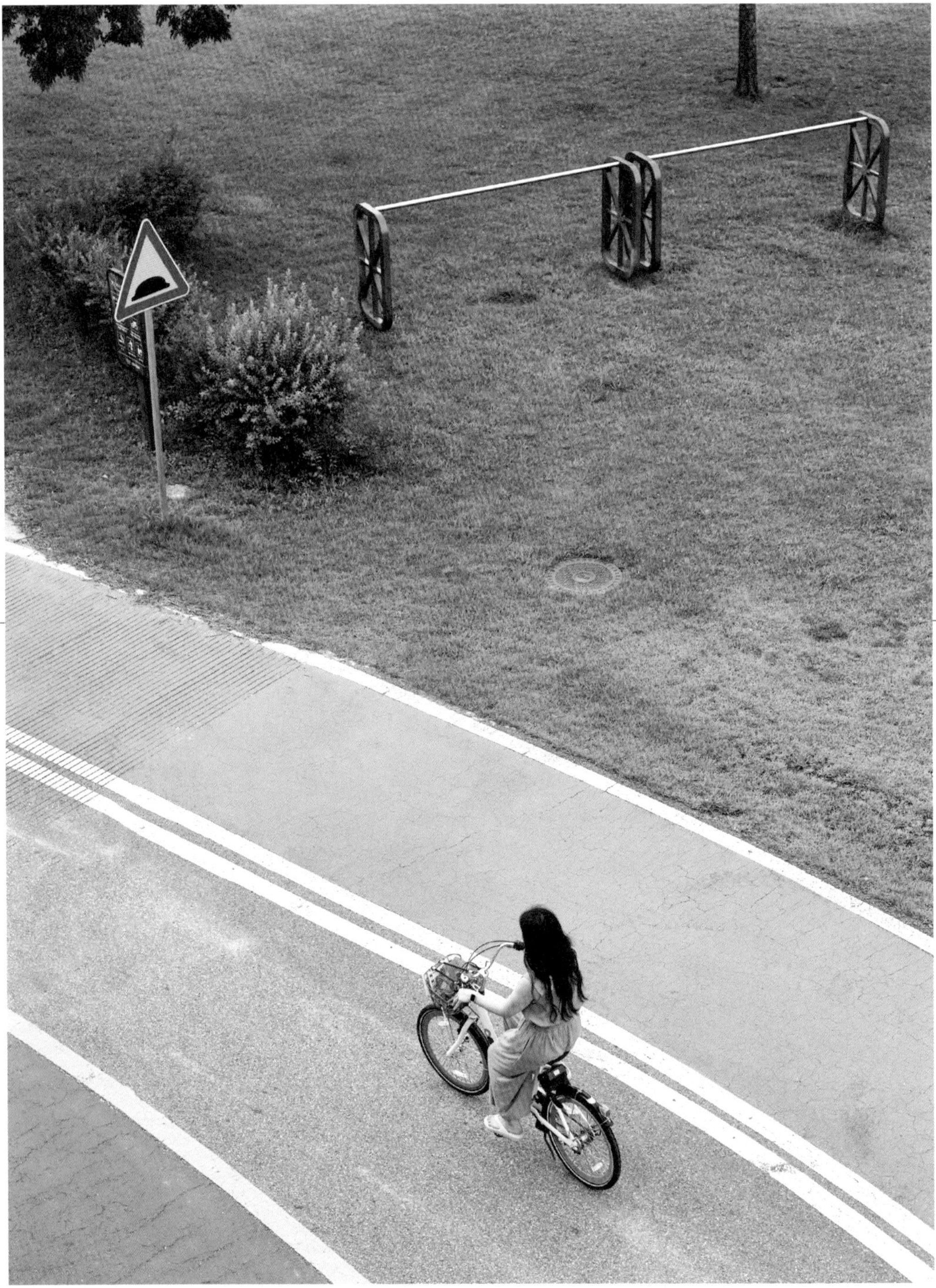

93

Plan

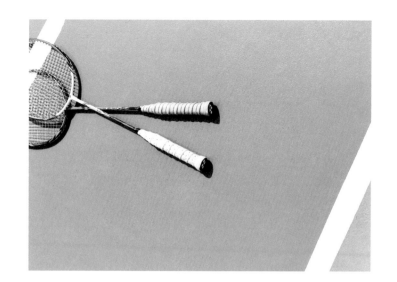

Plan

한강을 즐기는 사람들

As Good as It Gets

한강을 운동장 삼아 자신만의 방식으로 몸과 마음을
단련 중인 세 명의 크리에이터를 만났다.

Hyojoo Ko

짧은 바지를 입고 긴 머리를 휘날리며 롱보드를 타는 모습이
마치 무대 위의 무용수처럼 한없이 부드럽고 우아하게 느껴진다.
우연히 영상을 통해 알게 된 고효주의 첫인상이었다. 그녀는
롱보드를 타고 LA 곳곳을 누비는 이 영상으로 '롱보드의 여신'이 됐다.
그리고 이 영상은 현재 918만회의 조회수를 기록하고 있다.

롱보드를 타기 시작한지 올해로 10년째, 매일 똑같이 반복되는
일상에 변화를 주기 위해 롱보드를 시작하고, 후회하기 않기 위해
회사를 박차고 나왔던 것처럼 그녀는 여전히 자신의 삶 앞에서
망설임이 없다. 또 다른 꿈을 꾸기 시작한 그녀가 말한다.
"망설이지 말고, 일단 해보세요."

롱보드를 처음 타게 된 계기가 궁금해요.
어느 날 문득 제 모습을 보니 기계처럼 출퇴근만
하면서 살고 있더라고요. 나를 위해 뭔가를 해야겠다
싶어서 취미생활을 찾기 시작했어요. 다양하게
알아봤는데 보드가 제일 재미있어 보였어요. 보드
중에서도 롱보드가 비교적 쉬워 보여서 시작을 했죠.

막상 타보니 어떠셨나요?
너무 어렵더라고요. (웃음) 그런데도 계속 타고
싶다는 생각이 들었어요. 운동 신경이 없어서
자전거도 못 타는 제가 처음으로 관심을 갖게 된
운동이었고, 바퀴 달린 무언가에 올라타는 기분이
새로웠어요. 정말 못 탔는데도 너무 재미있어서
계속 탔던 거 같아요.

롱보드를 타고 세계 곳곳을 여행했어요.
어떤 기억으로 남아 있나요?
여행을 하는 모든 사람들이 그렇듯이 매일 보는
익숙한 풍경에서 벗어나서 낯선 풍경을 바라볼 수
있다는 게 좋은 거 같아요. 제가 롱보드를 시작한 지
올해로 10년이 되었는데, 10년 전만 해도 전국에
롱보드를 타는 사람이 200명 정도밖에 안 됐어요.
롱보드 관련 정보를 접하려면 해외 롱보더 영상들을
찾아봐야 했죠. 그러다 보니 영상 속 보더들이
저에게는 연예인 같은 존재였어요. 그래서 여행을
가면 꼭 보드를 챙겨 갔어요. 보더들과 같이 보드를
타고, 기술을 배우기 위해서요. 어쩌면 그들을
만나기 위해 휴가를 내고, 여행을 떠났던 건지도
모르겠어요. 롱보드에 완전히 빠져 있을 때였거든요.

그러던 와중에 회사를 관두고
롱보드 콘텐츠를 다루는 크리에이터가 됐어요.
모든 직장인들처럼 저도 퇴사의 꿈을 갖고
회사 생활을 했었어요. 그러다가 롱보드 관련
일들이 많아지기 시작했고, 점점 일과 병행하기
힘들어지면서 둘 중 하나를 선택해야 되는 순간이
오더라고요. 퇴사를 하면 후회할 것 같다는 생각을
했지만, 퇴사를 하지 않았을 때 놓치는 것들에
대한 후회가 더 클 것 같아서 결국 퇴사를 했죠.

취미가 일이 되는 경험을 하셨는데 어떠셨나요?
역시 일은 일이더라고요. (웃음) 일로 보드를 타는
것과 취미로 보드를 타는 건 확실히 달라요. 일은
아무래도 정해진 컨셉이 있다 보니 제가 할 수 있는
기술들이 한정적이거든요. 그래서 일과 취미를
분리해서 생각하려고 해요. 대신 각각의 상황이
됐을 때 최선을 다하려고 하죠. 일할 때는 주어진
환경에 맞춰 제가 할 수 있는 선에서 최선을 다해
표현하고, 취미로 탈 때는 거리낌 없이 마음껏 타고요.

**보드를 탈 때 반포 한강공원을 주로 찾는다고
들었어요.**
집에서 제일 가까운 한강공원이 반포이기도 하고,
사실 서울에서 보드를 탈 수 있는 곳이 한강밖에
없어요. 그렇다고 어쩔 수 없이 한강에 오는 건
아니고요. 여유를 느끼고 싶을 때 한강에 오는 거
같아요. 도심 안에 살다 보니 바다로 떠나야지 여유를
찾을 수 있다고 하는 사람들도 있는데 저는 한강만
와도 좋더라고요.

롱보드 외에 다른 운동도 하시나요?
보드가 초보일 때는 긴장 상태로 근육을 많이
쓰거든요. 체력 소모가 많이 돼요. 그런데 익숙해지면
유산소 운동밖에 되지 않아서 헬스를 하고 있어요.

**운동을 꾸준히 하는 게 제일 어려운 거 같아요.
어떻게 하면 꾸준히 할 수 있을까요?**
내가 재미있는 운동을 찾아야 될 거 같아요.
만약에 찾지 못했다면 선택한 운동 안에서 재미를
찾으면 돼요. 그 재미를 운동 자체에 둬도 좋지만
그러지 않아도 괜찮아요. 저 같은 경우는 헬스가
재미없었는데 친구랑 같이 하다 보니 나름의 재미가
생기더라고요. 그런 식으로 친구 혹은 새로운 동료들
과 함께 하는 것도 방법이 될 수 있을 거 같아요.

나에게 롱보드는 어떤 존재인가요?
너무 큰 존재가 아니었으면 좋겠어요. (웃음)
너무 큰 존재가 되어버리면 롱보드가 싫어질 것
같아요. 롱보드는 아직도 제가 좋아하고 재미있어
하는 존재이고, 제 삶의 일부가 되어버린 존재예요.

롱보드를 타면서 슬럼프를 겪기도 했나요?
롱보드 크리에이터로 활동한지 8년 정도 됐는데
영상을 올렸을 때 반응이 제가 기대했던 것과 다르면
슬럼프가 한 번씩 오더라고요. 새로운 기술을
시도해도 사람들은 모르는데 내가 다쳐가면서 할
필요가 있을까, 지금 하고 있는 기술만으로도 오롯이
즐기면서 타고 있는데 굳이 그럴 필요가 있냐는
생각이 드는 거죠. 그럴 때는 다른 일을 해요.
재미있는 릴스를 보기도 하고, 운동을 하기도 하고요.
요즘에는 편집 방식을 연구하는 재미에 빠졌어요.
요즘 유행하는 릴스나 AI와 접목시켜 편집하는 것도
재미있더라고요. 다양한 것들을 시도해보려고
하고 있어요.

"롱보드를 타면서 세계 여행을 하는 게 꿈이었다"는 기사를 봤어요. 또 다른 꿈이 있나요?
세계 여행은 코로나 때문에 잠시 중단되기는 했지만 여전히 진행 중인 꿈이에요. 그리고 최근에 또 다른 꿈이 생겼어요. 오래 전부터 목소리에 콤플렉스가 있어서 발성을 배우기 위해 연기 학원에 다니기 시작했어요. 2년 정도 됐는데 제가 하고 있는 일과도 연관이 있어서 도움이 많이 되더라고요. 보드 영상을 찍다 보면 연기가 필요할 때가 많이 있거든요. 발성법만 배우고 그만둘 생각으로 시작했는데 너무 재미있어서 지금까지 하게 됐고, 배우를 꿈꾸게 됐어요. 생각해보면 배우는 나이 제한이 없는 직업이잖아요. 지금 당장은 아니더라도 나이가 더 든 후에 중년배우가 되어도 좋을 것 같아요.

생각지도 못했던 꿈이네요. (웃음)
사실 배우를 하기에는 늦으면 늦었다고 할 수 있는 나이인데 꿈을 꾸고, 그 꿈을 이루기 위해 노력하고 있는 모습이 멋있어 보여요. 하고 싶은 게 있는데 실행하지 못하고 고민하고 있는 사람들을 위해 해줄 말이 있을 것 같아요.
다 알고 있는 얘기일 텐데 망설이고 고민하는 것, 사실 의미 없잖아요. 일단 해보면 알 수 있어요. 이걸 내가 계속 할 지, 안 할 지요. 일단 해보고 그때 가서 결정해도 늦지 않아요. 해보는 게 중요한 거 같아요.

일단 해보면 알 수 있어요. 이걸 내가 계속 할 지, 안 할 지요. 일단 해보고 그때 가서 결정해도 늦지 않아요. 해보는 게 중요한 거 같아요.

Sungwoo
Kim

II

달리는 게 좋아서 무작정 달리기 시작했고, 세계 최고의 러너들과 달리기 위해 케냐로 떠났다. 남들처럼 달리다가 다치기도 했고, 너무 달려서 번아웃이 오기도 했다. 그렇게 달리고 달리면서 알게 됐다. 나만의 속도로 나를 위해 달릴 때 진짜 즐겁다는 사실을, 그게 바로 진짜 달리기라는 사실을 말이다. '마인드풀러닝 스쿨' 김성우 대표의 이야기다. 달리기를 본격적으로 시작한지 올해로 10년, 그는 여전히 달리는 사람으로 살기 위해 비가 내리는 오늘도 달린다.

'마인드풀러닝'에 대해 소개 부탁드립니다.
'마인드풀러닝'은 '알아차림, 마음 챙김'이란 뜻의 'Mindfulness'에 'Running'이 더해져 만들어진 단어인데요, 한 마디로 '나를 위한 달리기'예요. 다른 사람이 정해 놓은 기준에 따라가지 않고 내가 그 기준을 정하는 거예요. 어떻게 달릴 때 즐거운지, 어떻게 지속 가능하게 만들 수 있을지, 달리기의 의미를 스스로 찾고, 발이 지면에 닿을 때의 느낌과 다리의 움직임, 호흡 등 내 몸의 감각에 집중하면서 달리는 거죠.
방법적으로 설명하자면, 달리기를 하다 보면 점점 속도와 기록에 매달리게 돼요. 저 역시도 다른 사람들이 세워놓은 기준을 따라가려고 애쓰다가 부상을 당하기도 하고, 번아웃이 오기도 했거든요. 내가 달리기를 좋아했던 이유는 즐거움과 자유로움을 느낄 수 있었기 때문인데 그 가치들을 잊어버리게 된 거죠.

마인드풀러닝을 위해서는 일단 속도를 제어해야 돼요. '달리기' 하면 '나와의 싸움', 무조건 빠르고 힘들어야 한다고 생각하는데 자신한테 편한 속도로 달려도 괜찮아요. 주변 풍경도 보고 같이 뛰는 사람과 얘기도 나누면서 편한 속도로 달리는 거예요. 그러면서 거리도 제어를 해보는 거죠. '오늘 5km를 뛸 거야, 10km를 뛸 거야'가 아니라 '20분을 내 호흡으로 편하게 달릴 거야'라고 생각하면서 코로만 호흡해도 될 정도로 달리면 달리기에 대한 압박이 줄어들어요. 마지막은 철학적으로 내가 왜 달리는지 고민해보는 거예요. 스트레스 해소가 될 수도 있고, 건강이 이유가 될 수도 있고요. 그렇게 마인드풀러닝이 만들어지는 거예요.

달리기를 좋아하게 된 계기가 있나요?
어릴 때부터 달리기를 좋아했어요. 대학교 축구 대표팀으로 활동하기도 했고요. 달리기에 깊이

빠지게 된 건 대학 때였는데 삶의 방향성을 잡지 못해 방황하던 시기가 있었어요. 술과 담배로 자기 파괴적인 시간들을 보냈었죠. 그 시기를 달리기로 극복했어요. 달리고 나면 부정적인 생각들이 사라지고 몸과 마음이 깨끗해지는 기분이 들더라고요. 그때 처음으로 '매일 매일 달리고 싶다. 남은 생애를 달리는 사람으로 살고 싶다'는 생각을 했어요.

그 무렵 케냐로 떠난 것도 러너가 되기 위해서였다고 들었어요.
달리는 사람으로 살고 싶다면 러너가 되어야 하잖아요. 러너가 되기에는 늦은 나이니까 세계 최고의 러너들이 모여 있는 곳에 가서 어떻게 훈련을 하고, 어떻게 하면 잘 달릴 수 있는지, 경험하고 배워야겠다는 생각이 들더라고요. 그래서 2015년 여름에 케냐로 갔어요.

케냐에서는 어떤 걸 배웠나요?
이번 생애 러너는 못하겠다는 생각이 들더라고요. (웃음) 너무 잘 달려요. 저도 나름 잘 달린다고 생각했는데 갭이 너무 커서 충격을 받았어요. 그리고 또 하나 놀랐던 건 천천히 달리는 훈련이 많았다는 거였어요. 케냐 선수들은 항상 힘들게, 빠르게 달리지 않더라고요. 천천히 달리면서 몸과 마음에 휴식을 주고, 다음 훈련을 준비해요. 천천히 달리는 것이 얼마나 중요한지 그때 깨닫게 됐죠.

한강에서 자주 찾는 러닝 코스가 있나요?
집에서 가까운 올림픽공원, 석촌호수, 잠실 한강공원에 자주 가요. 그 중에서도 한강공원에서 달리는 걸 좋아하는데, 미국에서 공부할 때 한강이 제일 그립더라고요. 도심 한복판에서 강을 접할 수 있다는 건 정말 큰 메리트인 것 같아요. 특히 한강공원에서 바라보는 일몰은 너무 매력적이에요. 하늘과 대기의 빛깔이 바뀌는 모습을 보고 있으면 마음이 평온해져요. 일몰을 바라보는 사람들을 보고 있으면 모르는 사람들인데도 우리가 같이 살아가고 있다는 어떤 동질감이 느껴지기도 하고요. 의식이 확장되는 거 같아요.

운동을 꾸준히 하는 게 제일 어려운 거 같아요. 어떻게 하면 꾸준히 할 수 있을까요?
일단 운동이라는 단어 자체가 주는 의무감, 압박에서 벗어나는 게 중요한 거 같아요. 운동을 몸을 움직이는 방식 중 하나로 생각하는 거죠. 평소에 좋아했던 움직임이 있었는지 생각해보고 그 움직임과 어울리는 운동을 찾으면 좋을 거 같아요. 그리고 너무 잘하려고 하지 않으면 좋겠어요. 내 몸이 어떻게 움직이는지 관찰해보고, 잘 안 되면 어떻게 하면 잘 움직일 수 있을지 고민도 해보면서 탐험하듯이 알아가면 재미있을 거예요. 운동도 결국 자신을 알아가는 하나의 작업이라는 걸 염두에 두면 좋을 것 같아요.

달리고 나면 부정적인 생각들이 사라지고 몸과 마음이 깨끗해지는 기분이 들더라고요. 그때 처음으로 '매일 매일 달리고 싶다. 남은 생애를 달리는 사람으로 살고 싶다'는 생각을 했어요.

나에게 달리기는 어떤 존재인가요?
밥 먹는 거랑 비슷한 거 같아요. 사람이 밥을
먹는 건 당연한 일이고 배고프니까 먹는 거잖아요.
달리기도 마찬가지예요. 제 삶에서 당연하고
자연스러운 일인 거죠. 좋아하는 일이 직업이 되면
싫어진다고 하는데 저는 여전히 달리는 게 좋더라고요.
달리기는 세상과 저를 연결시켜주는 도구이자,
저 자신을 알아갈 수 있게 해주는 도구예요.
달리면서 저 스스로를 더 잘 들여다볼 수 있게 됐고,
저와 더 친해질 수 있었고, 또 저를 성장시킬 수
있었거든요. 아무래도 평생, 계속 달릴 것 같아요.

소개글에 "많은 사람들이 나를 위한 삶을 살아가면
좋겠다"는 내용이 있더라고요. '나를 위한 삶'은
어떤 삶일까요?
나에게 행복한 감정을 주고 계속 하고 싶게 만드는
것들, 그리고 가치 있게 느껴지는 것들로 삶이
꾸려졌으면 좋겠어요. 예를 들어 달리기는 좋은데
마라톤은 별로 안 좋아해, 다른 사람들이 마라톤
완주를 한다고 해서 나도 꼭 해야 되는 건 아니잖아요.

재미있게 뛰면 되는 거죠. 그런 식으로 내 행동의
가치 체계가 다른 사람에 의해 좌지우지되지
않았으면 좋겠어요. 물론 다른 사람에게 피해를 주면
안 된다는 기본적인 원칙은 지켜야겠죠.

앞으로의 계획이 궁금해요.
앞으로도 계속 달릴 것 같아요. (웃음)
'마인드풀러닝 스쿨'과 관련해서는 건강하고
자유로운 달리기 방식을 잘 정리해서 더 다양하게
프로그램화 하고 싶고, 많은 분들이 좀 더 쉽게
접근할 수 있게 기술적인 부분을 보완하고 싶어요.
지금 평생 멤버십 회원이 100명인데 감사하게도
그분들이 마인드풀러닝을 많이 알려주고 계시거든요.
회원이 지금보다 더 많아지면 사람들에게 좋은
영향력을 더 많이 행사할 수 있을 것 같아서 평생
멤버십 회원 1만 명 유치를 목표로 하고 있어요.
개인적인 계획이라고 하면, 그림으로 소통하는 걸
좋아해요. 달리기도 그렇지만 언어 없이 소통하는
것이 중요하다고 생각하거든요. 40대 중후반부터는
그림을 그리는 아티스트로도 살아보고 싶어요.

Haadiya

III

하디야는 11년차 요가 강사다. 우연히 접한 요가를 통해 긍정적인 몸의 변화를 경험한 후 요가 강사가 됐다. 6년 전에는 우연히 알게 된 수상 레저 크루들과 패들보드와 요가를 접목시킨 새로운 요가 클래스를 만들기도 했다. 우연히 시작된 일들은 가장 좋아하고 잘 하는 것이 되었고, 살아가는 힘이 되었으며, 결국엔 삶 자체가 되었다. 땅 위가 됐건, 물 위가 됐건 그녀는 어디서든 꾸준히 오랫동안 요가를 하고 싶다.

'패들보드 요가'에 대해 소개 부탁드립니다.
말 그대로 패들보드 위에서 하는 요가라고 생각하시면 돼요. 물에 패들보드를 띄워 놓고 그 위에서 요가를 하는 거기 때문에 땅에서 하는 요가보다 집중력과 균형 감각을 더 필요로 해요.

패들보드 요가를 시작하게 된 계기가 있나요?
2017년에 요가 강사로 활동하던 중 지인의 추천으로 한강 수상 레저팀인 '서퍼스트(Surferst)'를 알게 됐고, 지금의 패들보드 요가 클래스를 만들게 됐어요. 처음에는 패들보드가 뭔지도 몰랐어요. 내가 과연 패들보드 위에서 요가를 할 수 있을지 걱정이 됐는데, 색다른 경험이 될 것 같아서 도전하게 됐어요.

일반적인 요가와는 어떻게 다른가요?
앞에서 얘기했던 것처럼 균형을 잡는 게 상당히 힘들어요. 패들보드 요가 클래스를 하면 요가 강사나 필라테스 강사 분들이 많이 오시거든요. 균형 감각이 좋으신 분들인데도 처음에는 다 어렵다고 하시더라고요. 아무래도 물 위에서 하다 보니 매트 위에서 쉽게 했던 동작들도 어렵게 느껴질 수밖에 없어요. 그러다 보니 고도로 집중하게 되고, 대근육부터 자잘한 소근육까지 일반 요가보다 더 고루 사용하게 되는 거죠. 개인적으로 좋은 점은 매트 위에서는 내 균형이 얼마나 무너져 있는지를 디테일하게 확인하기가 힘든데, 물 위에서는 그게 가능해요.

요가를 시작하게 된 계기도 있으실 거 같아요.
대학에서 연기를 전공하면서 현대무용, 발레 등 움직임과 관련된 것들을 많이 배웠어요. 그러던 와중에 우연히 요가를 접하게 됐고, 당시 제가 몸이 좋지 않았는데 요가를 시작하고부터 몸이 좋아지는 게 느껴지더라고요. 요가가 잘 맞았던 거 같아요.

대학을 졸업하자마자 바로 요가 강사 자격증을 땄고,
이후 요가에 대해 심도 있게 공부하고 싶어서
요가 관련 수업들을 꾸준히 들었어요.

특별히 좋아하는 요가가 있나요?
정통 요가라고 할 수 있는 아쉬탕가(Ashtanga)
요가를 좋아해요. 역동적인 동작이 많아 난이도가
높은 요가에 속하는데, 아쉬탕가를 하고 있으면
내 몸이 깨어지는 게 느껴져요. 그러면서
마음의 여유가 생기는 게 느껴지죠. 마음 수련에
도움이 많이 돼요. 보통 요가를 단순한 스트레칭으로
생각하시는 분들이 많더라고요. 아쉬탕가를
경험하시면 요가가 전신 근력 운동이고, 유산소
운동이라는 걸 아시게 될 거예요.

매일 한강에서 요가를 한다는 건
특별한 경험일 거 같아요. 어떠신가요?
한강 한복판에서 센셋을 바라보며 요가를 하는
느낌은 경험해보지 못하면 알 수 없을 거예요.
힐링 그 자체라고 생각하시면 돼요. 패들보드에
누워서 살랑살랑 불어오는 바람을 느끼고,
출렁거리는 한강물 소리를 들으면 아무런 생각이
안 들어요. 마음이 한없이 편안해지죠.

한강물이 더럽지는 않을까 걱정하는 분들도 계신데,
전혀 그렇지 않아요. 특히 광나루 쪽은 근처에
아리수정수센터가 있어서 물이 깨끗해요. 큰 물고기
도 살고, 개구리도 뛰어다녀요. 게를 본 적도 있어요.
한강에서 요가를 한지 7년이 됐는데 그동안
피부 질환을 앓았던 적이 한 번도 없었어요. 패들보드
요가를 하러 왔다가 한강물에 대한 인식이 바뀌어서
가시는 분들도 많아요.

기억에 남는 한강과 관련된 에피소드가 있나요?
1:1 수업 중이었는데 갑자기 우박이 떨어지면서
순식간에 안개가 생기더라고요. 그때는 좀 무서웠어
요. 다행히 빠르게 이동해서 큰 일은 일어나지
않았는데, 자연의 힘을 제대로 경험했던 순간이었어
요. 비가 부슬부슬 내린 적도 있었어요. 부슬비를
맞으면서 요가를 하는데 마음이 몽글몽글해지면서
기분이 좋아지더라고요. 또 다른 의미로 자연의
힘을 경험했던 순간이었죠. 또 하나는 한강에서
요가를 하는 경험은 누구에게나 특별하잖아요.
그 특별한 경험을 사진으로 예쁘게 남겼으면 하는
마음에 수강생 분들 사진을 열정적으로 찍어드리거든
요. 인생샷을 남겨주자는 마음으로 찍다 보니
사진 실력이 많이 늘었더라고요. (웃음)

운동을 꾸준히 하는 게 제일 어려운 거 같아요.
어떻게 하면 꾸준히 할 수 있을까요?
일단 목표를 세워야 돼요. 운동을 왜 하려고 하는지,
건강 때문인지, 다이어트가 목적인지, 목적을 정한
다음 그에 맞는 운동을 찾아서 조금씩 해보는 거예요.
시작부터 욕심을 내서 헬스장 1년권을 끊어버리면
쉽게 포기하게 돼요. 목표를 작게 잡고 그 목표를
달성하면 그 다음 목표를 잡는 식으로 조금씩
늘려가는 게 좋아요. 그리고 운동을 다양하게 경험해
보셨으면 좋겠어요. 내 몸에 맞고 재미가 있어야
꾸준히 할 수 있거든요. 요즘은 같이 하는 운동도
많잖아요. 운동 자체에 흥미가 없으신 분들은 같이
하는 운동을 활용하는 것도 방법이 될 수 있을 거예요.

나에게 요가는 어떤 존재인가요?
제 삶이라고 할 수 있어요. 일단 제 몸과 마음을
건강하게 만들어주는 존재이고, 에너지가 다운되거나
지쳐 있을 때 나를 붙잡아주는 원동력이 되어주는 거
같아요. 그래서 계속 공부하고 연구하게 되는 거
같아요. 요가를 하면서 좋은 사람들을 많이 만났는데
그들을 보면서 느낀 게 있어요. 꾸준한 노력은 타고난
재능을 이길 수 없다는 거예요. 그리고 그 노력이
결국 좋은 결과를 만들어내더라고요. 꾸준하게
노력하는 사람이 되고 싶어요.

목표를 작게 잡고 그 목표를 달성하면 그 다음 목표를
잡는 식으로 조금씩 늘려가는 게 좋아요. 그리고 운동을
다양하게 경험해 보셨으면 좋겠어요. 내 몸에 맞고
재미가 있어야 꾸준히 할 수 있거든요.

노들나루길

서강나루길

한강백년다리길

고산자길

이야기가 있는 한강 길

Walk along the River Story

언젠가부터 걷기 위해 산으로, 바다로, 제주로 떠나는 사람들이 많아졌다. 하지만 멀리 떠나지 않아도 걷기 좋은 길이 우리 가까이에 있다. 오늘이라도 당장 걸을 수 있는 길, 한강과 함께 걸을 수 있는 길, 바로 한강 길이다. 2012년부터 시작된 '한강역사탐방'은 전문해설사와 함께 한강 일대를 걸으며 한강의 숨겨진 역사와 문화 이야기를 듣는 도보 탐방 프로그램으로 총 14개의 코스로 이루어져 있다. '한강역사탐방' 해설사로 활동 중인 조윤희, 김효 역사해설사가 한강이 잘 보이는 한강 길 4곳에 얽힌 이야기를 들려주었다.

노들나루길 ···· 효사정 ── 심훈길

학도의용군 현충비

한강대교

사육신 공원 ── 용양봉저정

효사정

조선 세종 때, 우의정을 지낸 노한이 돌아가신 어머니를 위해 3년간 시묘살이를
했던 자리에 지은 별장이다. 일생을 그곳에서 살며 어머니를 그리워하고,
북쪽 개성의 아버지 묘소를 바라보며 효를 다하지 못한 아쉬움을 달랬다.

> 💬 조선 시대 당시 '효의 언덕'으로 유명했던 곳이다. 중국에서 사절단이 오면
> 선상 축하연인 뱃놀이를 펼쳤는데 효사정 앞을 지날 때마다 그에 얽힌 일화를 소개했고,
> 중국 사신들이 노한의 효에 크게 감복하며 돌아갔다는 후일담이 있다.
> 📍 서울 동작구 현충로 55

심훈길

농촌계몽소설 <상록수>로 잘 알려진 소설가 심훈의 일대기와 그의 소설·시 속
문장들을 전시해 놓은 길이다.

> 💬 '그날이 오면'은 조국 독립의 염원을 진지하고 과격하게 표현한 시다. 영국 옥스퍼드 대학의
> 부총장이었던 C.M 바우라(Bowra) 교수는 "일본의 한국 통치는 가혹했으나, 민족의 시는
> 죽지 못했다"며 세계 저항시의 본보기로 꼽을 수 있는 작품이라고 극찬한 바 있다.
> 심훈길에 가면 '그날이 오면' 시비를 만날 수 있으니 꼭 한 번 읽어 보기를 권한다.
> 📍 서울 동작구 현충로 55

학도의용군 현충비

1950년 한국전쟁 당시 조국과 민족을 위해 학업을 중단하고 전투에 참가한
학도의용군의 충혼을 기리기 위해 건립한 추모비이다.

> 💬 징집 대상이 되지 않았던 14세부터 19세의 어린 나이의 학생들, 계급도 군번도 없는
> 어린 병사들이 바로 학도병이다. 무려 30만 명의 학도병이 나라를 위해 총칼을 들었다.
> 학도의용군 현충비에 새겨진 48명의 학도병은 영화 <포화 속으로>를 통해 알려진
> '포항여중 전투'의 희생자들이다.
> 📍 서울 동작구 흑석동 172-12

한강대교

용산구 한강로와 동작구 본동을 연결하는 다리로 1917년 10월에 개통했다.
한강에 놓인 최초의 인도교이다.

💬 1950년대만 해도 한강대교 한 가운데에 자리한 노들섬 북쪽은 모래 벌판이었다.
한강 백사장으로 불렸는데 겨울에는 썰매와 스케이트를 타고 여름이 되면 물놀이터로
변신했다. 한강 백사장에 가봤다고 하면 동네 친구들 사이에서 부러움을 살 정도로 유명한
곳이었다. 1956년에는 한강 백사장에서 대통령 선거 유세가 펼쳐지기도 했다. 30만 명의
인파가 모일 정도로 넓은 곳이었다.

📍 서울 용산구 이촌동

용양봉저정

조선 22대 왕인 정조가 아버지 사도세자의 무덤인 현륭원에 참배하러 오갈 때
쉬어 가기 위해 마련한 행궁이다. '용(龍)이 머리를 들며(驤) 솟아오르고 봉황(鳳)이
날아오르는 것(翥) 같다'하여 '용양봉저정(龍驤鳳翥亭)'이란 이름이 붙었다.

💬 정자의 이름에서 왕위에 오르지 못하고 세상을 떠난 사도세자의 한을 읽을 수 있는데,
용과 봉황은 바로 왕을 상징한다. 아버지 사도세자는 왕위에 오르지 못하고 세상을 떠났지만,
정조는 아버지를 왕으로 모시고 싶었다. 행궁의 이름에 용과 봉황을 넣어 아버지 사도세자를
왕으로 정중하게 모신 것이다. 아버지를 향한 아들 정조의 짙은 효심을 엿볼 수 있는 대목이다.

📍 서울 동작구 노량진로32길 14-5

사육신 공원

수양대군이 조카인 단종(조선 6대 왕)의 왕위를 빼앗고 왕이 되자 목숨을 걸고
이를 반대했던 여섯 신하의 충정을 기리던 사육신 묘를 중심으로 조성된 공원이다.

💬 공원 입구 담벼락에 함석헌 선생이 쓴 글이 있다. "수양대군이 불어온 피바람, 그렇지만
세조의 피바람 뒤에 우리는 '의(義)'를 알았다. 사육이 죽지 않았던들 우리가 '의'를 알았겠는가.
이것도 고난의 뜻이 아닐까. 고난 뒤에는 배울 것이 있다." 사육신이 추구했던 의를 잘 담아낸
문장이다. 시뻘겋게 달군 쇠로 다리를 꿰고, 팔을 잘라내는 잔혹한 고문에도 세조를 '전하'라
하지 않고 '나리'라 불렀다고 한다. "하늘의 태양이 하나이듯 우리가 모실 왕은 한 분 뿐이다."
사육신이 죽어가면서 외친 말이다.
사육신 공원에 가면 사육신의 묘비명을 살펴보기를 권한다. 성씨 묘, 박씨 묘, 유씨 묘, 이씨 묘
라고 적혀 있다. 조선시대를 대표하는 학자이자 관리였건만 묘비에 이름 석자를 남기지 못했다.

📍 서울 동작구 노량진로 191

"노들나루길에 깃들어 있는 선조들은 아는 대로 실행했다. 노한, 학도의용군,
사육신 모두 누군가가 시켜서 효와 충, 의를 다한 것이 아니다. 이는 공부를
한다고 해서 되는 것도 아닐 것이다. 아는 대로 행하는 것이 얼마나 중요하고
의미 있는 일인지를 노들나루길을 통해 느낄 수 있었으면 한다."

6호선 광흥창역 1번 출구 　 광흥당/공민왕사당 　 토정로

서강나루터 표지석

밤섬공원

광흥당/공민왕사당

광흥당은 고려 및 조선시대에 관료들의 녹봉인 쌀을 저장하던 창고이자
관청인 광흥창 터에 세워진 한옥문화공간이다. 공민왕사당은 고려의 31대
왕인 공민왕을 기리는 사당으로 공민왕과 왕비인 노국대장공주, 최영 장군 등의
영정이 모셔져 있다. 매년 마을의 번영과 안녕을 기원하며 제례를 지낸다.

💬 광흥창이 이곳에 자리를 잡은 건 무학대사 때문이었다. 소가 엎드린 모양을 한 와우산의
　 형세를 보고 그 아래 큰 창고를 지어야 한다고 권했다. 200년 뒤 명나라의 사신이 와우산을
　 보고 "저 산 아래 큰 창고가 있지 않으면 거부(부자)라도 있을 것"이라는 얘기를 했고,
　 조선의 대신이 나라의 창고가 옛날부터 있었다고 하자 "조선에도 풍수를 제대로 아는 사람이
　 있다"며 탄복했다는 일화가 있다.
　 또 하나의 일화는 조선 초기, 광흥창을 지을 때 마을 노인의 꿈에 고려 공민왕이 나타나
　 "이곳에 나를 위한 사당을 짓고 매년 제사를 지내면 창고와 서강 일대가 평안하고 번창할 것"
　 이라고 하여 그 자리에 공민왕사당을 지었다고 한다. 이후 공민왕사당은 그곳 주민들의
　 수호신이 되었고, 뱃길의 무사와 안녕을 기원하는 곳이 되었다.
📍 서울 마포구 독막로21길 13

토정로

마포구 하중동에 위치한 도로로 조선 중기의 학자 이지함을 기리고 있다.
'토정'은 이지함의 호이다.

💬 이지함은 조선을 대표하는 이인이자 기인으로 알려져 있다. 조강 갯가에서 움막생활을 하면서
　 조강에 수표를 세우고 조수간만의 차를 측정해 '조강물참시각표'를 만들었다. 그리고 이를
　 노래로 만들어 뱃사람과 주민들이 외울 수 있도록 했다. 이 덕에 사공들은 마음 놓고
　 배를 운행할 수 있었고, 물때를 잘 맞추는 날이면 조강에서 한남대교까지 노를 젓지 않고도
　 이동할 수 있었다고 한다.
📍 서울 마포구 토정로

서강나루터 표지석

조선시대의 삼개나루(용호(용산강), 마호(마포강), 서호(서강)) 중 서호에 있는
서강나루는 삼남 지방과 서해안으로부터 곡물과 어물이 들어오던 나루터이자,
황해도·전라도·충청도·경기도의 세곡을 운반하는 배가 모이는 선착장이었다.

💬 태조 이성계가 한양을 도읍지로 결정하는 데 결정적인 역할을 한 것은 한강 때문이었다.
그 중에서도 서강이 있기에 가능한 일이었다. 서강은 조운의 3대 요소인 조선, 조군, 조창을
두루 갖춘 곳이었다.
마포에서 양화진 사이를 흐르는 강을 서강이라 불렀는데, 양화진 남쪽에 가면 '공무도하가
기념비'가 있다. '공무도하가'는 님을 잃은 슬픔을 담은 고대 가요이다. 조선시대 당시 중국까지
퍼지며 큰 인기를 끌었다는 점에서 K-POP의 출발점이 된 노래라고 할 수 있다.
📍 서울 마포구 창전로 10

밤섬공원

밤섬은 마포의 와우산에서 보이는 모습이 밤알을 닮았다고 해서 붙여진
이름으로 1999년 생태경관보전지역으로 지정됐다. 큰기러기를 포함한 582종의
생물이 서식하며, 여기에는 7종 이상의 멸종위기종 생물도 포함되어 있다. 밤섬은
시민 출입이 통제되어 있지만, 밤섬 공원을 통해 밤섬의 풍경을 살펴볼 수 있다.

💬 밤섬공원에 가면 조선 후기의 문신 이덕무의 '율도' 시비가 있다. 당시에는 밤섬을 율도라고
불렀는데, 그 시를 보면 율도가 얼마나 아름답고 살기 좋은 곳이었는지 알 수 있다.
📍 서울 마포구 신정동 76-1

"새벽 별은 반짝거리고 가을 하늘은 밝은데
바다 손님들의 쌀 실은 배가 물가에 닿았다
마을나무는 모두 고려 때의 비를 겪었는데
섬사람들은 아직까지 대부의 어짐을 말하네
광주리에 붉은 게를 거둬 아이들은 노래하고
귀밑에 빨간 단풍을 꽂은 여인은 곱기도 하다
듣건대 지방 풍속이 예로부터 순후하다 하니
나 또한 이사를 하여 묵은 밭을 사고 싶구나"

"우리는 우리의 것을 대수롭지 않게 여기는 경향이 있다.
오히려 외국 사람들이 우리의 것을 먼저 알아봐 준다. 서강나루길을 통해
이지함의 '조강물참시각표', K-POP의 시초가 된 '공무도하가' 등
우리 문화의 우수성을 되돌아보는 계기가 되었으면 한다."

Memory

한강백년다리길	용산역사박물관	한강대로

	한강대교

	한강철교

새남터 순교성지	한강공원

용산역사박물관

일제강점기인 1928년에 지어진 옛 용산철도병원을 리모델링해 만든
지역사 전문 박물관으로 조선시대부터 현대에 이르는 근현대 용산의 변화상을
살펴볼 수 있는 곳이다.

💬 지금의 용산과 과거의 용산은 지역 자체가 다른데, 원래의 용산은 현재 원효로로 불리는
지역이었다. 지금의 용산은 '둔지방'이라고 불리는 둔지산 지역이었다. 일제강점기 때
일본인들이 둔지방을 주거지로 삼고 철도와 군대를 주둔시켰다. 대륙 침략을 위한 기지를
만든 것이다. 철도 정비창과 철도병원, 학교, 관사가 들어서면서 일본인들을 위한 새로운
도시가 만들어졌고, 그때부터 둔지방이라는 이름 대신 '신용산'으로 불리게 된 것이다.

📍 서울 용산구 한강대로14길 35-29

한강대로

한강대교 북단사거리에서 중구 서울역까지를 잇는 도로이다.

💬 한강대로는 1919년에 3.1운동을 진압하기 위한 목적으로 만들어졌다. 해방 이후에는 미군이
주둔하면서 우리의 자주성이 침해된 곳으로 존재해왔다. 이렇게 용산은 어두운 이미지로
자리해왔는데 이제는 아니다. K-뷰티를 선도하는 아모레퍼시픽 본사와 BTS가 소속된 하이브
사옥이 들어서면서 우리의 문화 콘텐츠들이 해외로 나가는 거점 지역으로 변화하고 있다.

📍 서울 용산구 한강대로

한강대교

한강대교는 한강에 놓인 최초의 인도교로 1917년에 준공되었다.
용산구 한강로와 동작구 본동을 연결하고 있다.

> 💬 한강 백사장을 빼놓고서는 한강대교의 구조를 이해할 수 없다. 한강대교 건설을 한결 쉽게
> 한 것은 한강 백사장에 있는 둔덕이었다. 여기에 둑을 쌓아 중지도라는 이름을 붙였는데
> 중지도가 바로 지금의 노들섬이다. 노량진과 중지도를 잇는 한강대교와 중지도와
> 용산을 잇는 한강소교, 이 둘이 한강대교의 전신인 한강인도교이다. 다리를 두 개로 나눠지는
> 것은 부족한 기술력 때문이기도 했지만 비용 절약의 의도도 있었다. 대교 구간은 배가
> 지나다닐 수 있게 교각의 간격을 넓혀 긴 상판의 무게를 잡아주는 트러스(Truss) 구조로
> 지어졌고, 소교 구간은 교각 위에 상판을 설치한 일반적인 거더(Girder) 구조로 건설됐다.
> 이후 1925년 을축년 대홍수, 1950년 6.25전쟁 폭파 등을 겪으며 복구와 재개통을 반복했다.
> 한강대교는 '라떼는 말이야'의 대표적인 현장이라고 할 수 있다. 누군가에게는 6.25전쟁과
> 분단의 아픔을, 또 다른 누군가에게는 한강 백사장을 떠올리게 만든다. 시대마다, 나이마다
> '백년다리'가 전하는 느낌은 다르다. 이는 앞으로도 그럴 것이다.
> 📍 서울 용산구 이촌동

한강철교

한강철교는 한강의 다리 중 최초로 만들어진 다리로 1900년에 준공되었다.
용산구 이촌동과 동작구 노량진동을 연결하는 철교이다.

> 💬 1900년에 처음 개통했을 때는 다리가 1개였다. 이후 열차 운행 증량, 유실, 폭파 등의 이유로
> 다리가 추가되었고, 1994년 제4철도교가 마지막으로 추가되면서 총 4개의 다리가 되었다.
> 한강대교와 구조가 닮았는데 같은 토목회사가 건설했기 때문이다. 한강철교를 만들고 남은
> 건축 자재를 이용해 한강대교를 만들었다고 한다.
> 📍 서울 용산구 이촌동

새남터 순교성지

1801년부터 1866년까지 한국 천주교회 박해 기간 동안 14명의 성직자가
순교하였는데, 이중 11명이 순교한 대표적인 순교성지이다. 1987년 완공된
기념성당과 새남터기념관 등이 마련되어 있다.

> 💬 새남터는 넓은 모래밭이 있던 곳이었다. 나룻배를 타려면 이곳에서 기다려야 했는데
> 한 마디로 사람들이 많이 모이는 곳이었다. 그러한 이유로 중죄를 지은 사람들을 공개 처형하는
> 장소로 이용되기도 했다. 단종의 복위를 도모하던 사육신도 이곳에서 생을 마감했다.
> 📍 서울 용산구 이촌로 80-8

"한강백년다리길은 어떻게 보면 다크 투어 코스다. 외세에 의해 자주성이
침해됐던 지역을 둘러보는 코스이기 때문이다. 하지만 이제 용산은 거꾸로
세계로 뻗어 나가는 상징적인 장소가 됐다. 우리에게 자부심의 코스가 된 것이다.
한강백년다리길을 걸으며 그 100년의 변화를, 그 의미를 느껴 보길 바란다."

고산자길

저자도

경의중앙선 응봉역 1번 출구   응봉산   무쇠막터

두뭇개 나루터

응봉산

응봉동에 위치한 산으로 높이는 81m이다. 예로부터 주변의 풍광이 아름다운 곳으로 유명했다. 현재는 야경 명소, 일출 명소로 잘 알려져 있다.

💬 응봉산 정상은 한강을 끼고 있는 동서남북 4면을 조망할 수 있는 아주 좋은 조망처다. 중랑천이 한강으로 유입되는 모습을 볼 수 있고, 롯데월드타워와 남산타워, 관악산과 북한산, 아차산, 용마산, 수락산을 모두 볼 수 있다. 동호대교, 성수대교, 용비교, 응봉교, 두모교, 멀게는 한남대교와 영동대교도 한 눈에 담을 수 있다. 밤이 되면 강변북로와 동부간선도로, 올림픽대로를 달리는 자동차들이 남긴 궤적들이 새로운 풍경을 만들어낸다.
응봉산은 봄이 되면 개나리가 만개하는 산으로도 유명하다. 1970년대만 해도 응봉산은 판잣집 촌이었는데, 서울시의 무허가 건물 정비 사업으로 시민아파트가 들어서게 됐다. 하지만 날림공사로 와우 시민아파트가 붕괴되면서 응봉산의 시민아파트는 철거됐다. 올림픽을 앞두고 도시 정비가 이루어졌고, 올림픽선수촌 가까이에 있는 응봉산이 미관상 좋지 않다는 이유로 녹화사업 대상이 됐다. 병충해와 추위에 잘 견디는 1만 그루의 개나리가 그렇게 응봉산에 심어졌다.

📍 서울 성동구 금호동4가 1540

저자도

동호대교와 성수대교 사이에 있던 한강의 섬이다. 1970년대 동호대교와 성수대교 사이의 택지화 사업이 진행되면서 수몰되었다.

💬 중랑천과 한강이 만나는 두물머리 지역에 지속적으로 모래가 쌓이면서 섬이 만들어졌고 '저자도'라고 불렀다. 조선시대 당시만 해도 저자도는 당나무가 울창하게 자라 있었고, 10여 채의 민가가 있을 정도로 규모가 있는 섬이었다. 강폭이 넓고, 두 물이 만나면서 유속이 느려졌는데 그 모습이 호수처럼 잔잔하다고 하여 '동호'라고도 불렸다. 그러한 이유로 뱃놀이를 즐기는 명당으로 유명했다. 그리고 그 이름은 지금의 '동호대교'에 남게 되었다. 저자도가 사라지게 된 건 1970년대, 당시 압구정과 뚝섬 지역은 자연 제방만으로는 홍수를 막기 어려웠고, 저자도의 흙으로 인공적인 제방을 쌓았다. 제방이 쌓이면서 현대아파트 단지가 만들어질 수 있었다.

무쇠막터

무쇠막은 조선시대, 주철을 녹여 무쇠솥, 농기구 등을 주조해서 국가에
바치거나 시장에 내다 파는 야장들과 대장간이 많은 지역으로 무수막, 무쇠막,
무시막이라고 부르기도 했다.

💬 공문서, 지도 등에는 한자로 기록되면서 '수철리'라는 이름으로 남아있다. 솥단지는 당시만
해도 '가보 1호'라 할 정도로 없으면 안 되는 중요한 물자였다. 음식을 해먹고, 난방을 위해
불을 땔 때, 즉 취사 도구의 근본이 되었기 때문에 이 솥단지를 만들어내는 무쇠막을 소중히
여겼다. 그러한 이유로 무쇠막 앞에 흐르는 강을 무수막강이라고 불렀고, 옥수동으로 넘어가는
고개를 무수막고개라고 부르기도 했다. 1914년 일제강점기, 행정구역이 대통합 되면서
수철리를 한자음화하여 금호동이란 이름으로 남게 됐다.

📍 서울 성동구 독서당로 335

두뭇개 나루터

중랑천과 한강 두 물줄기가 만나 합쳐지는 곳에 형성된 포구였다. 조선시대,
경상도와 강원도, 경기도 내륙 지역에서 들어오는 세곡과 물산의 집결지로
이용되었다.

💬 예로부터 중랑천과 한강, 두 물이 만난다고 해서 두물머리, 두뭇개라는 이름이 붙여졌고,
한자어화 되는 과정에서 두모포가 되었다. 조선시대, 세곡선 집결지이자 얼음을 나르는
배들의 집결지였다. 1419년 세종과 태종이 대마도 정벌에 나서 8명의 장수들을 보냈던
장소이기도 하다. 이후 경원선 기찻길이 놓이면서 강변에 제방이 세워졌고, 나루터는
그 기능을 잃어버리게 됐다.

📍 서울 성동구 옥수동 367-9

"고산자길은 조선의 지리학자 김정호의 호인 고산자에서 비롯된 이름이다.
고산자길을 걷는 동안만이라도 고산자의 눈이 되어 한강과 서울을 바라보길
권한다. 내가 살고 있는 서울이 또 다르게 느껴질 것이다."

한강역사탐방

역사해설사와 함께 한강 일대를 걸으며 한강의
역사·문화 이야기를 듣는 도보 탐방 프로그램이다.
4월부터 11월까지 1일 2회 무료로 운영되며 한강역사
탐방 예약 사이트(visit-hangang.seoul.kr)를 통해
예약이 가능하다.

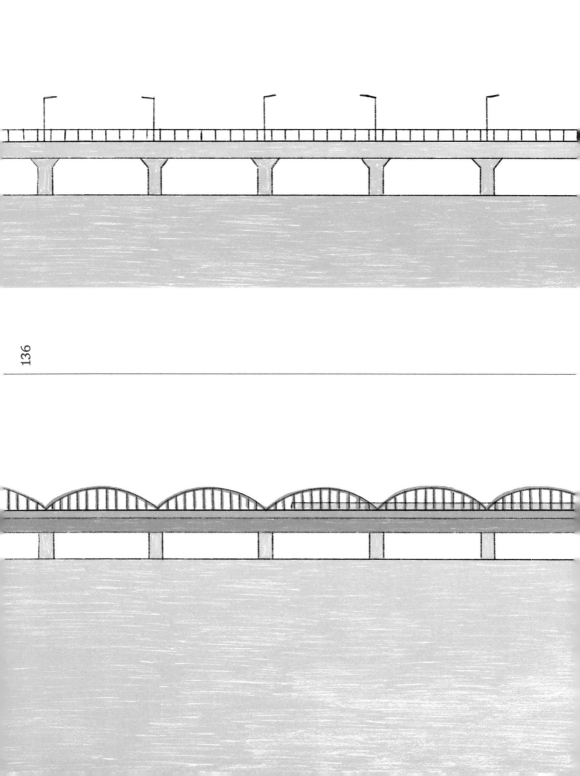

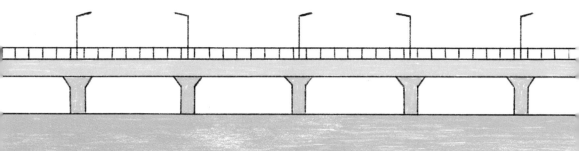

한강 다리를 건너며

Across the Rivers

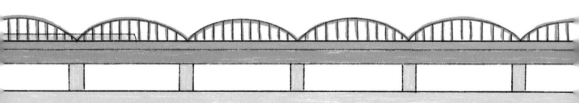

한강을 가로지르는 23개의 다리를 건너며 떠오른 생각과 느낌을
글과 그림으로 엮어낸 책 〈어크로스 더 리버스〉 저자 강민선 작가는 동호대교를 건너며
옥수역 근처에 살던 친구를 생각하고, 서강대교를 건너며 초식 공룡의 등을 떠올린다.
원효대교를 건너면서는 뭔가 하나에 꽂혀 끝까지 해보자고 다짐하고, 잠실철교를 건너면서는
행복과 불안의 상관관계에 대해 고찰한다. 2022년 2월부터 5월까지 진행된 다리 산책 중
특별히 기억에 남아있는 12개의 한강 다리에 대한 이야기를 여기에 소개한다.

01 양화대교

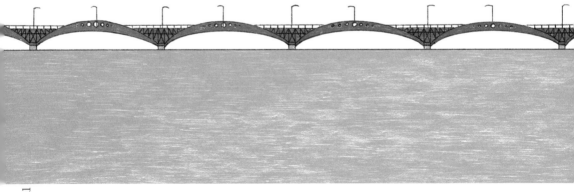

절기상으론 입춘이지만 영하 7도에 매서운 바람까지 불던 날이었다. 한강 다리를 걸어서 건너는 사람은 나뿐이어서 대낮인데도 무서웠다. 바람은 어찌나 심하게 부는지 잘못하다간 바람에 날려 한강 물에 빠질 것만 같았다. 이럴 거면 대체 왜 혼자 다리를 걸어서 건널 생각을 한 것이며, 생각으로만 멈추지 않고 진짜로 걷고 있는가,

날도 추운데! 두려움과 후회로 고개를 돌려보는데 어느새 내가 걸어온 길이 까마득하게 펼쳐져 있었다. 벌벌 떨면서도 기어코 걷긴 걸었네. 그 순간 안도감과 함께 뭔가 해낸 것 같은 기분까지 들었다. 나 참, 이게 뭐라고. 그때 처음으로 웃음이 나왔다. 그래, 해보자. 걸어보자.

02 성산대교

삼각형으로 연결된 골조의 거대한 주홍빛 트러스교를 보는 일은 망원 한강공원을 자주 산책하는 내겐 자연스러운 일상이지만 그 위에 올라서서 두 발로 건너는 날이 올 줄은 몰랐다. 왼쪽에는 지난달에 걸었던 양화대교, 오른쪽에는 월드컵대교가 든든하게 놓여 있어서 왠지 혼자 걷는 것 같지 않았다. 따뜻해진 날씨에 자전거 여행자들도 많이 보였다.

두려움이 사라진 대신 불쑥 떠오르는 걱정. 지난 겨울부터 외출할 때도 브래지어를 입지 않았는데 날이 더 따뜻해지면 어떡하나?(더 좋지!) 브래지어 없이 티 한 장으로 여름을 보낼 수 있을까?(당연하지!) 다리 위에서 이어지는 가슴과 브래지어에 대한 고찰. 브래지어를 벗어버린 뒤에야 찾아온 자유를 이제야 알았기 때문이겠지.

03 동호대교

지하철 옥수역 2번 출구로 나오자 하늘로 연결된 계단이 보였다. 계단을 오르니 동호대교가 시원하게 뻗어 있었다. 영화 <소공녀>의 미소가 친구 집을 청소해 준 대가로 얻어온 쌀을 줄줄 흘리며 걷던 곳. 월세 낼 돈이 없어 친구 집을 전전하는 미소는 그 와중에도 위스키만은 포기하지 않는다. 내가 처음 맛본 위스키는 충격과 공포 그 자체여서

도저히 미소를 이해할 수 없었는데, 시간이 지나자 조금은 알 수 있게 되었다. 무언가를 포기하고 싶지 않은 마음에 '왜?'라는 질문은 필요하지 않다는 것을. 옥수역 근처 살던 친구는 언젠가 좋아하는 사람이 생기면 가장 하고 싶은 일이 함께 동호대교를 걷는 거라고 했다. 동호대교를 걷는 내내 그 말이 귓가에 머물렀다.

04 한강대교

요즘 한강 다리를 건너고 있다고 말했더니 L이 눈을 반짝이며 오래전에 한강대교 건넌 얘기를 들려주었다. 회사에서 야근하다 차가 끊기면 한강대교를 걸어서 집에 돌아왔다고 했다. 그때 바라본 한강철교의 모습이 인상적이었다는 얘기도. 한강대교는 지은 지 100년 넘은 유일한 다리로 한강철교에 이어 한강에 놓인 두 번째 다리이자 도로가 있는

최초의 다리다. 보행자 도로와 자전거 도로가 나뉘어 있어서 걷기에도 편했다. 바로 옆 한강철교 위로 기차가 지나가는 풍경을 바라보기만 해도 가슴이 뻥 뚫리는 곳. 벚꽃이 날리는 봄이었고 나는 바라던 친구를 만났다는 생각에 많이 들떠 있었다.

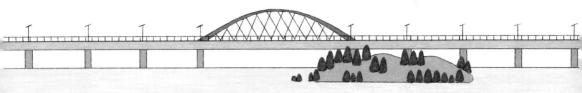

서강대교에 진입하는 순간 탄성이 절로 나왔다. 멀리서만 보았던 붉은 아치는 다리 위에 올라서자 거대한 지붕처럼 하늘을 휘감았고, 다리 아래 펼쳐진 초록의 밤섬 덕에 마치 초식 공룡의 등에 올라탄 채 강을 건너는 기분이었다. 누군가 두 번째로 좋아하는 다리가 무엇이냐고 묻는다면 서강대교라고 대답해야지. 그 무렵 전에 없던 신기한 체험을 하기도 했는데, 이에 대해선 앞으로 더 많은 시간을 들여 고찰해야 할 것 같다. 어딘가에 숨어 있다가 내가 나타나면 한꺼번에 등장하기로 약속한 것처럼 손잡고 걷는 여자들이 눈앞에 보이기 시작했다. 이들은 동서남북 고개를 돌리는 곳 어디에나 언제나 있었다. 다리를 건너는 것뿐인데 내가 달라지는 기분이 드는 건 대체 왜일까. 그저 우연의 일치일까.

원효대교를 걸으면서 문득 궁금했다. 이렇게 걸으려 하는 이유가 대체 뭐야? 뭘 찾고 싶은 거지? 나야 이유가 없어도 상관없지만 누군가 묻는다면 대답은 해주어야 할 것 아닌가. 그러다 고안해낸 것이 바로 '미친년 캐릭터'다. 그 사람 대체 왜 다리를 건넜대? 미쳐서 그랬대. 책은 왜 계속 만든대? 미쳐서. 생각할수록 이보다 명쾌한 대답은 없을 것 같다. 타인을 겁먹게 하고 해하는 미친 짓이 아니라 고작 다리를 건너고 책을 만드는 미친 짓이라면 귀엽지 않나? 뭔가 하나에 꽂혀서 이유 없이 근본 없이 대가 없이 끝까지 해보는 것을 해보고 싶다. 그 끝에 아무것도 없더라도 이미 충분할 거란 예감이 든다.

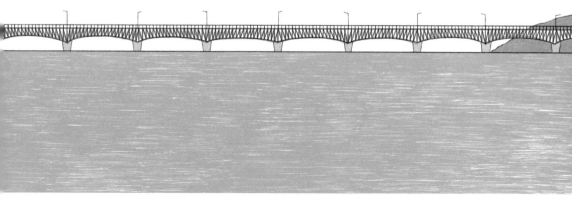

동작대교를 건너고 나자 비로소 확실해졌다. 누군가와 함께 다리를
걸으면 그와 정이 쌓이지만 혼자 다리를 걸으면 다리와 정이 쌓인다.
1km 안팎의 거리를 혼자 걷는 동안 시야에는 줄곧 다리와 강과
하늘뿐이다. 시시각각 달라지는 풍경이 내 감각 기관을 통해 몸 안에
스며든다. 다 걷고 나서 뒤돌아보면 내가 걸어온 다리가 그대로 서 있다.

헤어진 자리에서 오래도록 나를 배웅해주는 애틋한 친구처럼.
한번 지나가면 그대로 멀어지는 나와 반대로 다리는 항상 그 자리에 있다.
이 당연한 사실이 참으로 든든하게 느껴진다. 내가 지나온 다리들아,
앞으로도 무너지지 말고 그 자리에 있어 줘.

08 성수대교   2022.05.03.17:20

한 건축학 교수가 수업 시간에 슬라이드로 한강 다리를 하나씩 보여주었다.
마지막에 학생들에게 가장 기억에 남는 다리를 묻자 모두 성수대교라고
대답했다는 글을 보았다. 어떤 아름다운 구조물도 아픔과 상처에 대한
기억을 능가하진 못하는 걸까. 다리를 건너며 사랑하는 사람을 생각했다.
그 사람을 다시 못 보게 되는 건 차라리 참을 수 있다. 그가 예고 없이 닥친

죽음의 공포에 사로잡히는 순간을 상상하는 것만으로 눈앞이 캄캄해지고
가슴이 무너져 내리는 것 같다. 그러니 늦기 전에 말해야겠지. 당신을 떠올
리면 기분이 좋아진다고. 어쩌다 가끔 연락이 오면 그렇게 기쁠 수가 없다
고. 만날 약속을 정하면 그 순간부터 마음은 이미 거기 가 있는 것 같다고.
운이 좋아 서로 할머니가 될 때까지 오래오래 친구로 지냈으면 좋겠다고.

Experience

09 잠실철교　　　　　　　　2022.05.09.16:23

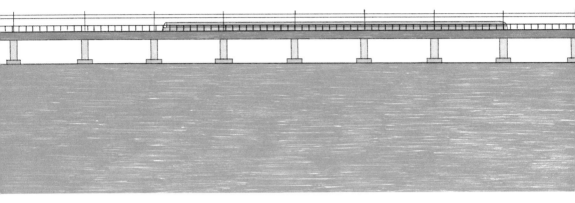

한강 다리를 걸으며 가장 가까운 곳에서 기차를 볼 수 있는 곳이
잠실철교다. 그래서 가장 좋아하는 다리. 늘 보는 기차인데도 가까운
곳에서만 확인할 수 있는 육중한 크기에 다시 한번 놀라고, 블루투스
이어폰을 뚫고 들어오는 천둥 같은 기차 소리에 가슴이 두근거렸다.

어쩌면 날씨 탓인지도 모르고. 미세먼지 하나 없는 5월의 새파란
하늘 위로 희고 선명한 구름 몇 점이 심장 박동에 맞춰 동동동
떠 있었다. 언젠가 이 기억을 같이 나눌 수 있는 날이 올까.
왜 너무 행복하면 불안할까. 반대로 어딘가 불안을 느끼고 있으면
작은 행복에도 감사한 마음이 든다.

10 광진교　　　　　　　　2022.05.09.17:39

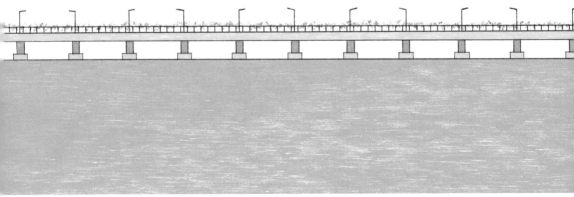

다리를 건너며 깨달은 것들

1. 다리를 건너는 시간보다 다리와 다리 사이를 건너는 시간이 더 길다.
   지도를 보며 시간과 동선을 미리 살펴 둘 것.
2. 5월의 아카시아 꽃향기는 마스크를 뚫고 들어온다.

3. 날이 좋으면 어떤 다리도, 강물도, 하늘도 다 예뻐 보인다.
   사랑하는 사람을 만나려거든 날이 좋을 때 만날 것.
4. 음악을 들으며 건너는 게 훨씬 좋다.
5. 어떤 사랑은 일단 하기로 마음먹으면 그게 된다.
   사랑이 들어간 자리에 다른 무엇을 넣어도 말이 된다.

11 구리암사대교

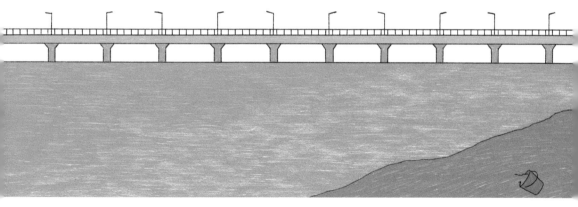

지하철 암사역에서 구리암사대교까지는 걸어서 40분, 마을버스를 타면 25분이다. 가는 길에 암사동 유적지가 있는 것을 확인하고 그냥 걷기로 했다. 1925년 네 번의 홍수가 있었다. 수백 채의 가옥이 물에 잠기고 수백 명의 목숨을 앗아간 을축년 대홍수는 한강의 본류를 바꾸어 놓았고 기원전 신석기 시대의 유적을 드러냈다.

그렇게 발굴된 곳이 암사동 유적지다. 을축년 대홍수 당시 서울 지역의 피해 상황을 기록한 '경성부수재도(京城府水災圖)'를 오래도록 들여다보았다. 지금과 많이 다른 100년 전 서울의 지도를 보면서 자연스레 떠오른 생각. 100년 후에는 서울이 어떤 모습으로 지도에 담길까. 그때쯤 우리는 어떤 이야기가 되어 있을까.

143

12 일산대교

서해와 가장 가까워서 예상은 했지만 일산대교에서 본 한강의 모습은 상상 이상이었다. 세상의 끝이 있다면 이런 풍경 아닐까. 물 위를 걷는 건지 땅 위를 걷는 건지 헷갈릴 정도로 온통 뻘밭에, 출렁이는 거라곤 갈대뿐이어서 다리에서 떨어져도 푹신하게 안착할 것만 같은 착각이 들었다. 지금까지 걸었던 다리 중 가장 길었고, 그래서 정말로 세상 끝까지

갈 수도 있을 것 같았다. 서해로 이어지는 수평선으로 노을이 지고 해가 저무는 상상을 해보았다. 이제는 무섭지 않을 것도 같은데, 아직 멀었나? 혼잣말에 혼잣말로 대꾸하는 사이 어느새 다리 끝에 다다랐다. 이제 걸어서 건널 수 있는 한강 다리를 모두 걸었다. 자, 다음 다리는?

Experience

강민선

비정형 작업 공간 '임시제본소'에서 글을 쓰고 책을
만든다. <아무도 알려주지 않은 도서관 사서 실무>,
<상호대차>, <도서관의 말들> 등을 썼다. 기차가
나오는 영화를 보며 <극장칸>을 썼고, 한강 다리를
건너며 <어크로스 더 리버스>를 썼다.

기억될 한강의 순간들

At the Time

한강은 순우리말인 '한가람'에서 비롯된 말이다. '큰, 넓은, 최고의, 유일한'이라는 뜻의
'한'과 '강'의 뜻을 가진 '가람'이 합쳐져 '큰 강'을 의미한다. 기록에 따르면
삼국시대부터 한강이라는 명칭을 사용했다고 하니 반만년 이상을 우리와 함께 한 셈이다.
선사시대부터 2023년 오늘에 이르기까지 한강의 변화를 타임라인으로 살펴본다.

선사시대 ─ 삼국시대 ─ 조선시대

선사시대

강동구 암사동 선사유적지에서 발견된 토기와 석기, 어망추 등 신석기 문화를 대표하는 유물들을 통해 공동 작업에 의한 대량 생산이 이루어졌고, 이를 기반으로 안정된 정착생활이 이루어졌음을 짐작할 수 있다. 그리고 이는 청동기시대를 거쳐 한강 유역에서 고대국가가 발달하게 되는 기반을 마련했다.

©암사동선사유적박물관

조선시대

국가 재정의 주수입원인 세곡이 조운을 통해 한강에 모였고, 한양에 거주하는 지주층이 지방 농장에서 거두어들인 소작도 조운을 통해 한강으로 운반되는 등 조선시대 경제, 유통의 중심에 한강이 있었다.

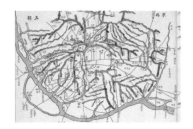

삼국시대

한반도의 중앙부를 관통하고 있는 한강 유역은 군사, 경제, 사회, 외교적 활동을 펼칠 수 있는 중심 무대였다. 따라서 이 지역을 점유한 국가는 영토 확장 및 국가 발전의 토대를 마련할 수 있었기에 이를 차지하기 위해 치열한 전쟁이 펼쳐졌다. 고구려, 백제, 신라의 역사를 통해 알 수 있듯 한강 유역을 점유하면 나라가 번영했고, 상실하면 쇠퇴했다.

©국립중앙박물관

강동구 암사동 선사유적지에서 발견된 토기와 석기, 어망추 등 신석기 문화를 대표하는 유물들을 통해 공동 작업에 의한 대량 생산이 이루어졌고, 이를 기반으로 안정된 정착생활이 이루어졌음을 짐작할 수 있다.

일제강점기 ― 1960s

일제강점기

1900 한강철교 준공

일제강점기에도 한강은 군사적, 경제적 요충지였다. 일제는
현재의 용산 지역을 주거지로 삼고 대륙 침략을 위해 철도와
군대를 주둔시켰다. 그렇게 한강에 놓인 최초의 다리인
한강철교가 건설됐다.

1912 한강 제2철교 개통

1917 한강대교 준공

자동차가 본격적으로 수입되기 시작하고, 한강을 건너려는
수요가 증가하면서 수운이 한계에 다다르자 일제는 사람과
우마차가 다닐 수 있는 한강대교를 준공했다.

1936 광진교 준공

1944 한강 제3철교 개통

1950s

1950 한강 제1, 2, 3철교/한강대교 폭파

6.25 전쟁이 발발하자 한강 방어선 구축과 북한군의 남진을
막기 위해 한강철교와 한강대교를 폭파했다.

1957 한강 제3철교 복구

한강 제3철교가 먼저 복구됐고, 이후 열차 운행이 증가하면서
1969년에 제1, 2철교가 복구됐다.

1958 한강대교 복구

1960s

1962 한강 경비선 도입

1960년대만 해도 한강에는 백사장이 있어 여름철 물놀이장
으로 큰 인기를 끌었다. 이에 물놀이로 인한 각종 사고를
예방하기 위해 무전 시설을 갖춘 경찰 경비선이 도입됐다. 또한,
시민들의 편의를 위해 수도를 설치하는가 하면 공동변소와
샤워장 등을 설치, 시민들의 사랑을 받는 놀이터이자 휴식처로
자리매김했다.

→ → → → →

1965 양화대교(제2한강교) 준공

광복 이후 설계부터 시공까지 순수 우리 기술로 만든 최초의 한강교이다. 1984년 제2한강교에서 양화대교로 개칭했다.

1967 강변일로 유료고속도로 개통

우리나라 최초의 유료도로로 합승 자동차와 화물차는 30원, 승용차 등 소형 차량은 20원, 2륜 자동차는 10원, 특수 차량은 100원의 통행료가 부가됐다.

1968 '한강 개발 3개년 계획' 착수 (제1차 한강종합개발사업)

여의도 개발, 강변 도로 축조, 공유 수면 매립에 의한 택지 개발 등을 통해 한강변 및 여의도의 근대적 도시개발 완수를 목표로 내세운 한강 개발 3개년 계획이 시작됐다.

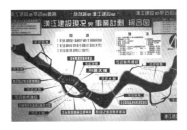

1968 밤섬 폭파, 여의도 건설

한강 개발 3개년 계획의 일환인 여의도 건설을 위해 밤섬을 폭파했다. 폭파로 얻어진 골재는 여의도의 제방(윤중제)를 쌓는데 사용됐다.

1969 한강 제1, 2철교 복구

한남대교(제3한강교) 준공

1970s

1970 마포대교 준공

1971 잠실섬 육속화 공사

1960년대까지만 해도 잠실은 섬이었다. 1971년 잠실지구 종합개발계획에 의해 잠실섬 남쪽의 송파강을 막아 육지로 만들었다.

1971 여의도 시범아파트 완공

여의도 개발 촉진책이 본격화되면서 24개동의 시범아파트가 문을 열었고, 뒤를 이어 초고층 주거용 아파트들이 들어섰다. 1974년에는 한국방송공사 등 3사 방송국, 증권센터 유치 계획을 수립했고, 1975년에는 태평로에 있던 국회의사당이 여의도에 새롭게 터를 잡았다.

1972 잠실대교 준공

1973 영동대교 준공

1975 국회의사당, 여의도 이전

1976 천호대교 준공

1974~78년은 교량 건설에 주력한 시기였다. 천호대교와 잠수교가 준공됐고, 원효대교, 동작대교, 성수대교 등 5개의 교량이 착공에 들어갔다. 특히 동작대교, 성수대교 등은 교량의 미적인 부분까지 고려한 디자인을 선보였다.

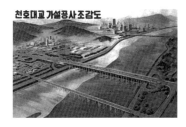

1970s	1980s

1976 잠수교 준공

1978 (구) 행주대교 준공

1979 성수대교 준공

1980 성산대교 준공

1981 원효대교 준공

1982 '한강종합개발사업' 착수

1986년까지 진행된 한강종합개발사업은 지금의 한강의 모습을 완성시킨 사업이다. 초기에는 급속한 산업화가 남긴 수질 오염과 반복되는 자연 재해를 예방하기 위해 한강의 치수와 개수에 치중하였으나, 1986년 아시안게임과 1988년 서울올림픽대회 유치가 결정되자 골재 자원의 개발, 치수, 동서 교통망 확보, 수질 개선, 시민 여가공간 확보 등으로 사업 범위가 확대되었다.

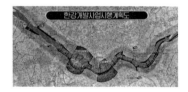

1982 반포대교 준공

1984 동작대교 준공

1984 한강 유람선 취항

한강종합개발사업으로 저수로 정비가 이루어지면서
한강 유람선 운항이 가능하게 됐다. 63빌딩과 잠실주경기장
앞 둔치에 선착장이 마련됐고, 여의도~잠실 간 15km의
직선 코스와 여의도~한강철교~당산대교~여의도,
잠실~동호대교~잠실 간 회항 코스를 운영했다.

1984 당산철교 개통

1985 동호대교 준공

1986 올림픽대로 개통

올림픽대로가 개통되면서 김포공항과 올림픽경기장 간의
주행 시간이 60분에서 30분으로 단축됐다.

→ → → → →

1987 '한강의 날' 기념 행사 개최

한강종합개발사업이 준공된 9월 10일을 '한강의 날'로 지정,
이듬해인 1987년 제1회 '한강의 날' 기념 행사가 열렸다.
한강 백일장과 사생대회, 유람선 퍼레이드, 조정·수상스키
시범 경기, 낚시대회, 청소년을 위한 록 콘서트 등이 한강을
배경으로 진행됐다.

1987 올림픽대교 개통

1988 서울올림픽대회 '한강 축제' 개최

서울올림픽대회 개막식의 일환으로 열린 축제로 주경기장 관람
수용 한계를 극복하고, 다수의 국민에게 개막식 관람 기회를
제공하기 위해 기획됐다. 500대 요트가 벌이는 한강 수상쇼,
고적대 퍼레이드, 수상 스키쇼 등이 펼쳐졌다.

1990 한강 대홍수

1925년 을축년 대홍수 이후 발생한 한강 유역의 가장 큰 집중호우로, 잠수교 관측 역사상 최대 수위인 해발 13.63m를 기록했다.

1991 강동대교 준공

1994 성수대교 붕괴

성수대교 상판이 붕괴되는 사고가 발생했다. 전면 재건설을 거쳐 1997년 재개통됐고, 2004년에는 교통량이 증가하면서 8차로로 확장되었다.

1994 한강 제4철교 개통

1995 신행주대교 개통

1996 서강대교 개통

1997 성수대교 재개통

1999 '새서울 우리한강 기본계획' 착수

1970~80년대에 진행된 한강종합개발사업으로 한강이 공원의 기능을 갖추게 됐지만 콘크리트 호안 조성 등으로 인한 생태계 복원 능력 상실의 문제점이 대두되면서 '새서울 우리한강 기본계획'이 등장했다. 생태적 특성을 갖춘 깨끗하고 안전한 한강, 도시민의 삶과 조화를 이루는 아름다운 한강을 만드는 것이 목표였다.

1999 밤섬, 생태경관보전지역으로 지정

밤섬을 생태경관보전지역으로 지정해 관리하기 시작했다. 2012년에는 물새 서식지로서 중요성을 가진 습지를 보호하는 람사르 협약에 따른 습지로 지정됐다. 밤섬에는 민물가마우지, 왜가리, 해오라기, 흰뺨검둥오리 등 582종의 생물이 서식하며, 이 가운데는 7종 이상의 멸종위기종 생물도 포함되어 있다.

1999 당산철교 재개통

1999 방화대교 개통

2000s

2001 청담대교 개통

2002 선유도공원 개장

1978~2000년까지 서울 서남부 지역에 수돗물을 공급하는
정수장으로 사용되던 공간을 공원으로 재탄생 시켰다.
폐정수장의 시설을 재활용해 공원을 조성한 것이 특징이다.

2002 월드컵공원 개장

1978~1993년까지 쓰레기 매립지로 사용된 난지도를
2002 FIFA 월드컵 개최를 기념하며 공원으로 만들었다.
평화의 공원, 하늘공원, 노을공원, 난지천공원, 난지 한강공원 등
5개의 공원으로 이루어져 있다.

2002 가양대교 준공

2007 '한강 르네상스' 사업 착수

수변 문화공간 조성과 자연성 회복, 접근성 향상,
수상 이용 활성화 등을 목표로 한 한강 개발 사업으로, 서울의
환경과 디자인 개선을 목표로 내세운 '디자인 서울' 정책의
핵심 사업이었다.

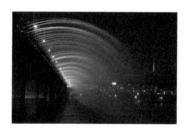

2009 반포 한강공원 준공

'한강 르네상스' 33개 사업 중 첫 번째 결실이자 반포,
여의도, 뚝섬, 난지의 4개 한강공원 조성사업 중 첫 번째인
반포 한강공원 공사가 완료됐다.

2010 마곡대교 준공

2014 세빛섬 전면 개장

물 위의 꽃을 형상화해 만든 인공섬으로 반포 한강공원에
위치해 있다. 가빛섬, 채빛섬, 솔빛섬 세 개의 섬과 미디어아트
갤러리인 예빛섬으로 구성되어 있다.

2014 구리암사대교 준공

2019 노들섬 개장

노들섬이 음악을 매개로 한 복합문화기지로 새롭게 태어났다.

2021 월드컵대교 개통

2023 '그레이트 한강(한강 르네상스 2.0)' 사업 착수

자연성 회복에 초점을 맞춰 한강의 자연 생태를 존중하면서도
한강의 편의성, 매력을 높여 삶의 질을 높이고, 수변의
활력을 한강의 도시 공간까지 확장하여 서울의 도시 경쟁력을
강화하는 것이 '그레이트 한강'의 목표다. 숲과 정원,
생태경관보전지역을 확대하고, 야생생물 서식지 보호사업을
추진, 수상 산책로 조성, 문화예술공간 및 감성 조망 명소 조성,
수상스포츠 관련 프로그램 운영 및 관련 대회 유치 등을
진행할 계획이다.

빛섬

Gamgakseoul

그때 그 시절, 찬란했던 한강

1950's Brilliant Hangang

과거의 한강은 어떤 모습이었을까? 전쟁 후 일상으로 돌아온
서울 시민들의 모습엔 미래에 대한 희망과 현실을 살아가는 의지가 담겨있다.
1950-60년대 한국 리얼리즘 사진의 대가 한영수 작가의 역사적인 기록물을 통해
지금은 사라져버린, 그 시절 한강의 모던한 모습에 주목한다.

작가 한영수가 바라본 한강의 모습은 지금과는 사뭇
다른 분위기를 풍긴다. 마치 외국의 휴양지를 연상하는 한강 백사장부터,
한여름 도심 속 강가 수영을 즐기는 사람들, 겨울이 오면 자연스레
스케이트와 얼음 낚시를 즐기는 사람들까지, 삶의 활력이 가득하다.

© 한영수_서울 노들섬 1958-1963

흑백 사진 속 왠지 모르게 낯선 서울 한강의 모습은 사실 지금의
현대인들이 시간을 내어 찾는 아름다운 휴양지와 다르지 않았다.
도심 속 여유의 공간, 한강에서의 일상을 진정으로 즐기며 그럼에도,
삶을 살아가는 사람들의 찬란한 모습을 소개한다.

© 한영수 _ 서울 마포 1962

한영수 Han Youngsoo

한국 광고사진 1세대 포토그래퍼로서
패션·전자제품·제약회사 등의 분야에서
왕성한 활동을 하였다. 시대가 변함에 따라
변해가는 자연의 모습을 기록하고 보존하고자
풍경사진에 관심을 가지게 되어 1950년대
중반, 전쟁 이후 '한강의 기적'이라고 불리는
대한민국의 현대화된 삶을 세련된 미감으로
담아내는 작업을 10년 간 이어왔다.
전쟁 이후의 삶을 연민의 시각으로 바라보기
보다는 자연의 아름다움, 사람들의 밝고
긍정적인 면모에 주목한 작업으로 호평받는다.
사진제공: 한영수문화재단

감각서울 GamgakSeoul
서울의 매력, 한강
The Essence of Seoul, Hangang

발행처	서울특별시	총괄	아키프서울
발행인	서울특별시장	디자인	mykc
기획	홍보기획관 홍보담당관	사진	김성빈
주소	서울특별시 중구 세종대로 110 서울특별시청	일러스트	강민선, 이영채, 조성흠, 홍세인
		자료	루이 비통 코리아, 데이트립, 한영수문화재단, 한화, HYBE
		인쇄	예인미술

*〈감각서울〉내 일부 내용은 서울시의 공식 입장 및 견해와 다를 수 있습니다.

발간등록번호 51-6110000-002905-14
ISBN 979-11-6599-971-1

발행 2023년 10월 10일
판매가격 25,000원